Konfitüren
Marmeladen
Gelees

Die besten Rezepte

Annemarie Wildeisen

Konfitüren Marmeladen Gelees

Die besten Rezepte

AT Verlag

Umschlag:
Karotten-Zitronen-Konfitüre (links vorne)
Apfelgelee (rechts hinten)

4. Auflage, 2006

Fotos: Andreas Fahrni, Bern
Lithos: AZ Grafische Betriebe AG, Aarau
Druck und Bindearbeiten: Appl, Wemding
Printed in Germany

ISBN 3-85502-662-9
ISBN 978-3-85502-662-3

www.at-verlag.ch

Inhalt

Damit Konfitüren und Gelees sicher gelingen

Die Früchte

Zum Wichtigsten für das gute Gelingen von Konfitüren, Marmeladen und Gelees gehört die Qualität der verwendeten Früchte: Überreife, leicht angefaulte, aber auch ungenügend ausgereifte Ware eignet sich nicht. Die besten Resultate erzielt man mit möglichst frisch geernteten vollreifen Früchten. Deshalb gilt eine weitere goldene Regel: Nur so viele Früchte kaufen oder im eigenen Garten ernten, wie man an einem Tag verwerten kann.

Die Früchte werden immer vor dem Rüsten und/oder Zerkleinern gewaschen, und zwar nur kurz, damit die Aromastoffe nicht auslaugen. Eine Ausnahme bilden Himbeeren: Sie werden nur verlesen, da sie beim Kontakt mit Wasser Saft und damit Aroma verlieren.

Die weitere Verarbeitung bzw. das Zerkleinern der Früchte richtet sich nach der gewünschten Konsistenz der Konfitüre und manchmal auch nach der Art des Einmachens. Beeren können – mit Ausnahme von Erdbeeren – ganz gelassen werden. Kirschen und Mirabellen werden entsteint, brauchen aber nicht weiter zerkleinert zu werden. Erdbeeren und andere Früchte wie Aprikosen, Pfirsiche, Äpfel, Birnen usw. werden in Scheibchen, grössere oder kleine Schnitze oder Stücke geschnitten. Eine gute Konfitürenkonsistenz erzielt man, wenn man die Hälfte der Beeren mit einer Gabel zerdrückt bzw. die Hälfte der Früchte im Mixer oder mit dem Stabmixer püriert; die andere Hälfte wird nach Lust und Laune klein geschnitten. Wird die gesamte Fruchtmenge püriert oder durch den Fleischwolf getrieben, so entsteht das, was man früher als Marmelade bezeichnet hat. Heute dürfen nach EU-Richtlinien nur noch Zubereitungen mit Zitrusfrüchten so genannt werden.

Saftgewinnung für Gelee

Um Saft aus Früchten für die Zubereitung von Gelee zu erhalten, gibt es verschiedene Methoden:

Kochtopf oder Dampfkochtopf

Müssen nur kleinere Mengen Beeren und Früchte entsaftet werden, so kann man dies gut im normalen Kochtopf machen. Dazu die Früchte wie folgt vorbereiten:

- Kleine Beeren (Johannisbeeren, Himbeeren, Brombeeren, Heidelbeeren, Holunder) entstielen, jedoch ganz lassen. Erdbeeren rüsten und vierteln.
- Kirschen und Mirabellen nur entsteinen, nicht zerkleinern.

- Steinobst wie Aprikosen, Pfirsiche, Nektarinen, Pflaumen oder Zwetschgen halbieren, den Stein entfernen und die Früchte in Schnitze schneiden.
- Kernobst wie Äpfel, Birnen und Quitten mitsamt Schale und Kerngehäuse (beides ist pektinhaltig!) in kleine Stücke schneiden.

Das weitere Vorgehen bleibt bei allen Früchten und Beeren gleich: In einen Topf geben und nur gerade so viel Wasser beifügen, dass die Früchte knapp bedeckt sind. So lange kochen lassen, bis sie aufplatzen oder das Fruchtfleisch so weich ist, dass es fast zu Mus zerfällt. Dann vom Herd ziehen und noch 10 Minuten stehen lassen.

Beim Entsaften im Dampfkochtopf unter Druck werden die Früchte wie oben beschrieben vorbereitet. Zum Entsaften den Siebeinsatz in den Dampfkochtopf legen und die Früchte darauf geben. Auf 1 Kilo Früchte ¼ Liter Wasser beifügen. Den Dampfkochtopf verschliessen und die Früchte aufkochen. Die genauen Entsaftungszeiten für die verschiedenen Fruchtarten sind der Gebrauchsanweisung, die jedem Dampfkochtopf beiliegt, zu entnehmen. Wichtig: Das Entsaften ist nur in einem Topf mit mindestens 5 Liter Inhalt möglich.

Bei beiden Methoden muss der gewonnene Saft anschliessend filtriert werden: Dazu giesst man den Saft durch ein Gazetuch, das zwischen die Beine eines umgedrehten Küchenhockers gespannt ist, oder man verwendet einen sogenannten Geleesack (Geleetuch). Es empfiehlt sich, Gazetuch oder Geleesack vor der Verwendung mit heissem Wasser zu überbrühen, damit beim Filtrieren der Saft schneller abfliesst. Wichtig ist auch, dass die Beeren nicht ausgepresst werden, sonst wird der Saft bzw. der Gelee trüb.

Saftpresse oder Entsafter

Der Saft von Zitrusfrüchten kann mit einer einfachen Fruchtsaftpresse, wie sie in jedem Haushalt vorhanden ist, gewonnen werden.

Daneben gibt es eine ganze Reihe von speziellen elektrischen Entsaftern – zum Teil auch als Zusatzgerät von Küchenmaschinen –, die sich für die schonende kalte Saftgewinnung aus sämtlichen Früchten eignen. Auf diese Weise gewonnener Saft ist meist leicht trüb. Damit der Gelee klar wird, lässt man den Saft einige Zeit stehen, bis sich die festen Bestandteile am Boden abgesetzt haben. Anschliessend sorgfältig durch ein Filterpapier, ein Gazetuch oder einen Geleesack absieben.

Kleine Mengen – optimales Resultat

Am besten gelingt Gelee, wenn man nicht zu grosse Mengen auf einmal zubereitet: 1 Liter ist die obere Grenze; besser ist es, nur ¾ Liter auf einmal einzukochen. Gelee immer in möglichst kleine Gläser füllen, da er in diesen besser geliert als in grossen.

Von Zucker, Gelierzucker und anderen Geliermitteln

Um haltbare Konfitüren und Gelees herzustellen, ist das richtige Verhältnis von Fruchtmasse oder Saft sowie Zucker und eventuell Geliermittel entscheidend.

Neben Zucker werden heute zum Konfitüre- und Geleekochen eine ganze Reihe von Gelierhilfen angeboten. Sie sind alle auf der Basis von natürlichem Apfelpektin hergestellt. Pektine sind natürliche Quellstoffe, die in allen Früchten und Pflanzen vorkommen und die Konfitürenmasse oder den Saft für Gelee zum Gelieren bringen. Allerdings funktioniert dies nur dann richtig, wenn gleichzeitig eine gewisse Menge an Fruchtsäure und Zucker vorhanden ist.

Reichlich Pektin und Fruchtsäuren enthalten Johannisbeeren, grüne Stachelbeeren, Äpfel, Quitten, Zwetschgen, Orangen, Grapefruits und Zitronen. Wenig Pektin ist in Erdbeeren, Himbeeren, Kirschen, Rhabarber, Pfirsichen, Nektarinen, Melonen, Kürbis, Holunder, Hagebutten, Birnen, Ananas und Mango vorhanden.

Ausserdem vermindern sich sowohl Pektingehalt wie auch Fruchtsäure mit dem Reifeprozess der Früchte. Überreife Früchte gelieren also von Natur aus weniger gut.

Einkochen mit Zucker

Zucker lässt Konfitüre und Gelee nicht nur gelieren, sondern er konserviert sie gleichzeitig. Am besten geeignet ist der sogenannte Kristallzucker. Für Konfitüren aus exotischen Früchten und Spezialitäten kann man auch braunen Zucker (Rohzucker) verwenden.

Die altbewährte Regel für das Einmachen mit normalem Zucker lautet: Auf 1 Kilo vorbereitete Früchte nimmt man 1 Kilo Zucker. Die Verwendung von Zucker ist gut geeignet für pektinreiche Früchte. Der Vorteil dieser Methode: Ein sehr intensiver Fruchtgeschmack durch die relativ lange Einkochdauer. Der Nachteil: Oft lange Kochzeiten und sehr süsse Konfitüren.

Einkochen mit Gelierzucker

Gelierzucker besteht aus Zucker, Apfelpektin (natürliche Gelierkraft des Apfels) und reiner Zitronensäure. Damit gelieren Konfitüren und Gelees ohne lange Kochzeit, das Aroma und die natürliche Farbe der Früchte bleiben optimal erhalten.

Das Grundrezept für die Verwendung von Gelierzucker lautet: 1 Kilo ungerüstete Früchte auf 1 Kilo Gelierzucker. Dabei ist allerdings der unterschiedliche Pektingehalt der einzelnen Früchtesorten nicht berücksichtigt. Vor allem bei pektinarmen Früchten geliert die Fruchtmasse oder der Saft für Gelee nicht immer optimal. Deshalb unbedingt den Vermerk «Gelierfähigkeit» bei den Früchte-Kurzporträts im Buch beachten. Bei pektinarmen Früchten gibt man am besten immer etwas Zitronensaft oder kristallisierte

Zitronensäure bei (in Drogerien, Apotheken oder gut assortierten Lebensmittelgeschäften erhältlich). Auf 1 Kilo Früchte rechnet man 10 Gramm Zitronensäure oder den Saft von 2 bis 3 Zitronen. Besonders wichtig: Mit Gelierzucker zubereitete Konfitüren müssen genau 4 Minuten lang sprudelnd gekocht werden. Kocht man sie zu kurz, gelieren sie nicht richtig; ein zu langes Kochen bewirkt, dass die Pektine wieder flüssig werden.

Einkochen mit Gelierpulver

Gelierpulver enthalten Pektine, Traubenzucker und Fruchtsäure. Den Zucker muss man selbst zusetzen. Weil es verschiedene Produkte gibt, sollte man sich unbedingt an die Anleitung auf dem Beutel halten. Diese ist nämlich auch auf den unterschiedlichen Pektin- und Fruchtsäuregehalt der verschiedenen Früchte abgestimmt. Der Vorteil von Gelierpulver: Kurze Kochzeit und gute Haltbarkeit. Der Nachteil: Die Konfitüre wird manchmal etwas zähflüssig. Gelierpulver eignet sich vor allem für die Geleezubereitung, wenn bei der Saftgewinnung bereits Zucker verwendet wurde, für pektinarme Früchte oder für Konfitüren aus verschiedenen Früchten.

Einkochen mit zuckersparenden Gelierhilfen

Wem Konfitüre oder Gelee generell zu süss oder zu kalorienhaltig ist, kann zuckersparende Geliermittel verwenden. Es gibt seit einiger Zeit sowohl zuckersparenden Gelierzucker wie auch zuckersparendes Gelierpulver, bei deren Verwendung sich das Verhältnis von Zucker und Früchten zugunsten der Früchte verschiebt. Meist ist das Verhältnis 2:1, das heisst, auf 1 Kilo Früchte benötigt man nur 500 Gramm Zucker. Beim zuckersparenden Gelierpulver kann man zudem den Zucker durch Fruchtzucker oder Sorbit ersetzen, was Konfitüre oder Gelee auch für Diabetiker geniessbar macht. Zuckersparende Geliermittel enthalten Traubenzucker, reines Fruchtpektin, Zitronensäure sowie ein Konservierungsmittel (Sorbinsäure) für bessere Haltbarkeit. Der Vorteil zuckersparender Gelierhilfen: Kalorienfreundliche Konfitüren und Gelees, die fruchtig und überhaupt nicht süss im Aroma sind. Der Nachteil: Nur bedingte Haltbarkeit; einmal angebrochen, müssen solche Konfitüren und Gelees unbedingt im Kühlschrank aufbewahrt und relativ schnell verbraucht werden. Deshalb unbedingt eher kleine Konfitürengläser mit Drehverschlussdeckel (Twist-off-Deckel) verwenden; das Verschliessen der Gläser mit Einmach-Cellophan ist für diese Zubereitungsart aus Haltbarkeitsgründen nicht geeignet.

Die Gelierprobe

Wird die Konfitüre mit normalem Zucker zubereitet, muss unbedingt eine Gelierprobe gemacht werden. Damit prüft man, ob die Konfitüre oder der Gelee nach dem Kochen auch wirklich fest wird. Denn nichts ist unangenehmer als Konfitüren oder Gelees, die vom Brot herunterfliessen.

Die Gelierprobe kann auf verschiedene Arten vorgenommen werden:
- Einige Tropfen Konfitüre auf einen vorgekühlten Teller geben. Leicht abkühlen lassen. Der Gelierpunkt ist erreicht, wenn die Tropfen schon nach kurzer Zeit fest werden und sich mit einer Haut überziehen, die sich mit den Fingerspitzen zusammenschieben lässt.
- Mit dem Zuckerthermometer: Wenn die Kochtemperatur 105° C aufweist, ist der Gelierpunkt erreicht.
- Eine Holzkelle in die Konfitüre oder den Gelee tauchen, herausnehmen und waagrecht halten. Wenn die Masse an der Kelle zu zwei grossen Tropfen zusammenläuft, ist der Gelierpunkt erreicht.
- Einen Tropfen der heissen Konfitüre oder des Gelees in kaltes Wasser geben: Er sollte als zusammenhängender Tropfen erhalten bleiben. Falls er auseinander spritzt, muss die Masse noch länger kochen.

Werden Gelierhilfen für die Konfitüren- oder Geleezubereitung verwendet, ist die Gelierprobe nicht nötig.

Arbeitsgeräte und Gläser

Der grösste Teil der für die Zubereitung von Konfitüre und Gelee notwendigen Gerätschaften ist in jedem normal ausgestatteten Haushalt vorhanden.

Für ein exaktes Abwiegen der Fruchtmenge ist eine nicht zu kleine Küchenwaage nötig, für das Abmessen von Saft für Gelee ein grosser Messbecher. Diesen verwenden wir nur für Flüssigkeiten; auch wenn er Einteilungen zum Abmessen von Zucker usw. besitzt, sind auf diese Art gemessene Mengen zu ungenau!

Für ein sauberes Einfüllen der kochend heissen Masse braucht es eine Schöpfkelle mit Ausguss sowie einen Trichter mit breiter Öffnung.

Zum Kochen sollte man einen möglichst grossen und eher weiten Topf verwenden. Nur dann hat man die Gewähr, dass die aufschäumende Konfitüre nicht überkocht. Ein weiter Topf besitzt zudem eine grössere Verdunstungsfläche, bei der der Wasseranteil der Früchte beim Kochen besser verdampft.

Bei der Wahl der Gläser gilt: Nicht zu grosse Gläser verwenden, denn Konfitüre und Gelee gelieren besser in kleinen Gläsern. Unerlässlich aus Gründen der Haltbarkeit sind kleine Gläser ohnehin, wenn man mit zuckersparenden Geliermitteln oder mit künstlichem Süssstoff arbeitet.

Ideal ist die Verwendung von Einmachgläsern mit sogenanntem Twist-off-Deckel, auch Schraubdeckel genannt. Früher waren sie vor allem von den industriell zubereiteten Konfitüren her bekannt. Es lohnt sich auch heute noch, sie zu sammeln. Inzwischen gibt es sie aber auch in den verschiedensten Grössen und Ausführungen in Haushaltfachgeschäften und Warenhäusern zu kaufen.

Der Vorteil von Gläsern mit Schraubdeckel: Sie verschliessen luftdicht. Allerdings ist darauf zu achten, dass die Gläser keine Randbeschädigungen und die Deckel keine Roststellen oder gravierenden Dellen aufweisen. Die Gläser immer kochend heiss und randvoll füllen, sofort verschliessen und dann 5 bis 10 Minuten auf den Kopf bzw. Deckel stellen, damit sich ein Vakuum bilden kann und der Hohlraum im Deckel möglichst steril wird.

Gläser ohne Deckel, sogenannte Geleegläser, aber auch schöne Trinkgläser usw. werden mit Einmach-Cellophan und einem Gummiband verschlossen. Wichtig: Nur spezielles Einmach-Cellophan verwenden, das als solches gekennzeichnet ist (keine Klarsichtfolie!). Zum Verschliessen wird das Cellophan auf der einen Seite angefeuchtet und mit der nassen Seite nach oben über das Glas mit dem kochend heissen Inhalt gelegt. Glatt streichen und mit einem Gummiband befestigen; dieses liegt meistens der Cellophanpapier-Packung bei. Die Oberfläche des Cellophanpapiers zieht sich nach dem Erkalten des Glasinhaltes stark zusammen.

Der Nachteil dieser Methode: Durch das Einmach-Cellophan erfolgt ein geringer Luftaustausch. Dadurch trocknen Konfitüre und Gelee bei längerer Lagerzeit etwas ein. Bei zu feuchter Lagerung können sie auch schimmeln.

Beim Verschliessen der Gläser mit Einmach-Cellophan kann man gegen Schimmelbildung vorsorglich ein Pergamentpapier oder Cellophan in der Grösse der Glasöffnung zuschneiden, dieses mit Alkohol (z.B. Rum oder Kirsch) anfeuchten und auf die Konfitüre oder den Gelee legen.

Konfitüre aus der Mikrowelle

Für die schnelle und unkomplizierte Zubereitung kleiner Konfitüren- und Geleemengen – nicht mehr als 500 g Früchte auf einmal – kann man auch das Mikrowellengerät einsetzen. Für die Vorbereitung der Früchte gilt das gleiche wie bei der herkömmlichen Zubereitung. Als Kochgefäss wird ein mikrowellenfestes, möglichst grosses Glasgefäss verwendet. Ist das Geschirr zu klein, spritzt die Konfitüre gerne heraus.

Auf 500 Gramm Früchte oder ½ Liter Fruchtsaft nimmt man 500 Gramm Gelierzucker und mischt alles gründlich. Dann in das Mikrowellengerät geben und auf höchster Stufe 10 bis 15 Minuten garen; zwischendurch drei- bis viermal umrühren. Da die verschiedenen Mikrowellengeräte unterschiedliche Leistungen aufweisen, kann die benötigte Garzeit variieren. Als Faustregel gilt: Bei einer Leistung von 600 Watt dauert das Einkochen von 500 g Früchten 10 Minuten. Bei kleineren Mengen Konfitüre oder Gelee verkürzt sich die Garzeit entsprechend. Am besten macht man bei den ersten Konfitüren- und Geleeversuchen eine Gelierprobe, um Erfahrungen mit den Kochzeiten im eigenen Gerät zu sammeln. Gelingt die Gelierprobe nicht, gart man jeweils 2 Minuten weiter und wiederholt die Gelierprobe. Anschliessend Konfitüre oder Gelee sofort in saubere Gläser füllen und verschliessen.

Weitere wichtige Tips

♦ Keine unterschiedlichen Geliermittel miteinander mischen. Unbedingt auf die Gebrauchsanleitung auf den Packungen achten.
♦ Beim Einmachen mit Gelierzucker und Gelierpulver die Kochzeiten unbedingt ganz genau einhalten – ein Küchenwecker hilft dabei. Darauf achten, dass Konfitüre oder Gelee während dieser Zeit wirklich durch und durch sprudelnd kochen. Damit die Früchte nicht anbrennen, muss während des ganzen Einkochens ständig gerührt werden.
♦ Konfitüre und Gelee immer sofort kochend heiss in Gläser füllen und verschliessen.
♦ Nicht immer geliert Konfitüre oder vor allem Gelee sofort. Manchmal braucht es einige Stunden, gelegentlich sogar bis zu zehn Tagen Geduld. Während dieser Zeit die Gläser möglichst nicht bewegen.
♦ Zur Rettung flüssiger Konfitüren und Gelees kann man diese zusammen mit etwas Gelierpulver noch einmal kochen. Diesen Rettungsversuch zunächst auf den Inhalt von zwei bis drei Gläsern beschränken. Gelingt er, die restlichen Gläser gleich behandeln. Allerdings: Bei zu lange gekochten Konfitüren und Gelees hilft diese Methode nicht, weil hier die Pektine flüssig wurden. Aber auch zu viel Pektin kann das Gelieren verhindern, bei Quitten oder Äpfeln zum Beispiel.
♦ Schimmelbefall kann die verschiedensten Ursachen haben: Die Gläser waren beschädigt oder nicht gründlich genug gereinigt; die verarbeiteten Früchte waren nicht frisch genug oder enthielten – in regenreichen Sommern – zu viel Feuchtigkeit und Bakterien; der Lagerraum war zu feucht. Häufigste Ursache ist jedoch eine zu geringe Zuckermenge im Verhältnis zur Menge der Früchte: Beim Einkochen kann der Zuckeranteil nicht beliebig reduziert werden, denn dieser hat nicht nur eine süssende, sondern auch konservierende Funktion. Zuckerarme Konfitüren und Gelees deshalb unbedingt in Twist-off-Gläser füllen und anschliessend noch 10 Minuten bei 75 °C sterilisieren (z.B. im Backofen – siehe Geräteanleitung).
♦ Ob bei Schimmelbefall Konfitüren und Gelees noch geniessbar sind, ist für den Laien nur schwer zu beurteilen. Grundsätzlich gilt: Schimmelpilze sind toxisch, das heisst giftig. Deshalb bei mittlerem bis starkem Schimmelbefall oder falls dies nach der Zubereitung mit einem zuckersparenden Geliermittel auftritt, Konfitüre oder Gelee unbedingt wegwerfen, da – für das Auge unsichtbar – auch der unter dem Schimmel liegende Bereich mit Sporen durchsetzt sein kann.

Grundrezept für Konfitüre und Gelee

♦ Konfitüre: Die Früchte waschen, je nach Sorte schälen und/oder entsteinen und in kleine Stücke oder feine Schnitzchen schneiden. Beeren werden mit Ausnahme von Erdbeeren ganz belassen und nur wenn nötig gewaschen. Die vorbereiteten Früchte wiegen und mit der gleichen Menge normalem Kristallzucker oder Gelierzucker mischen. Nach Belieben die Früchte mit dem Zucker 3 bis 4 Stunden oder sogar über Nacht ziehen lassen; dadurch brennt die Konfitüre beim Kochen weniger an und geliert auch besser.

♦ Nach Belieben kann man einen Teil der Früchte oder die ganze Menge mit dem Stabmixer pürieren oder durch den Fleischwolf treiben. Anschliessend wie oben beschrieben mit dem Zucker oder Gelierzucker mischen.

♦ Gelee: Die Früchte entsaften (siehe Seite 6). Anschliessend muss der Saft filtriert werden: Man giesst alles in ein spezielles Geleetuch oder in ein Gazetuch, das man zwischen die Beine eines Küchenhockers spannt. Wichtig: Den Saft langsam ablaufen lassen, auf keinen Fall die Rückstände auspressen, sonst wird der Gelee trüb.

♦ Die Konfitüre- oder Geleezutaten in einem grossen, eher weiten Topf unter ständigem Rühren langsam aufkochen; dies verhindert, dass die Konfitüre anbrennt.

♦ Sobald die Masse sprudelnd kocht, bei Verwendung von Kristallzucker die Herdplatte auf mittlere Hitze zurückschalten, so dass die Masse immer noch lebhaft, aber nicht sprudelnd kocht. Je nach Früchtesorte nach 10 Minuten Kochzeit erstmals die Gelierprobe machen (siehe Seite 9). Am einfachsten geht dies, indem man mit einem Löffel etwas Konfitüre oder Gelee auf einen kleinen vorgekühlten Teller gibt und abkühlen lässt. Der Gelierpunkt ist erreicht, wenn die Probe schon nach kurzer Zeit fest wird und sich mit einer Haut überzieht, die sich mit den Fingerspitzen oder mit einer kleinen Kelle zusammenschieben lässt.

♦ Bei Verwendung von Gelierzucker die Masse exakt 4 Minuten sprudelnd kochen lassen – ein Küchenwecker hilft bei der genauen Überwachung der Kochzeit. Darauf achten, dass Konfitüre oder Gelee während dieser Zeit wirklich durch und durch sprudelnd kochen.

♦ Wenn sich auf der fertigen Konfitüre oder dem Gelee starker Schaum gebildet hat, wird dieser vor dem Einfüllen der Konfitüre oder des Gelees mit einem Schaumlöffel oder einem grossen Löffel entfernt.
Der Schaum enthält Schmutzstoffe aus den Früchten und Zucker und kann die Haltbarkeit von Konfitüre und Gelee beeinträchtigen.

♦ Konfitüre oder Gelee möglichst kochend heiss und randvoll in saubere Gläser füllen und sofort verschliessen. Gläser mit Twist-off-Deckel (Schraubverschluss) anschliessend 5 bis 10 Minuten auf den Kopf stellen, damit sich ein Vakuum bilden kann und der Hohlraum im Deckel möglichst steril wird.

♦ Beim Verschliessen der Gläser mit Cellophan nur spezielles Einmach-Cellophan, nie jedoch Klarsichtfolie verwenden. Das Cellophan auf der einen Seite anfeuchten und mit der angefeuchteten Seite nach oben über das Glas legen. Glatt streichen und mit einem Gummiband fixieren. Das Cellophan zieht sich beim Erkalten der Konfitüre oder des Gelees stark zusammen. Wird es beschädigt oder platzt es, muss die Konfitüre nochmals aufgekocht, heiss eingefüllt und wieder verschlossen werden.

Wichtig: Für ein gutes Gelingen bzw. Gelieren von Konfitüre ist es empfehlenswert, nicht mehr als 1 Kilo Früchte auf einmal einzukochen. Für Gelee beträgt die ideale Menge ¾ bis 1 Liter Saft.

Die Rezepte von A(nanas) bis Z(wetschge)

Ananas

Kolumbus und seine Schiffsbesatzung waren die ersten Europäer, die 1493 in Guadeloupe von der Ananas kosteten. Aus späteren Berichten von anderen Seefahrern geht hervor, dass die Frucht zur damaligen Zeit praktisch in allen Tropengebieten entlang der Ostküste Zentral- und Südamerikas, von Mexiko bis Brasilien, angebaut wurde. Portugiesen, Spanier, Engländer und Franzosen führten die Frucht dann auch in ihren tropischen Kolonien in Afrika und Asien ein. Zu Beginn des 18. Jahrhunderts wetteiferten die Europäer um die Zucht von Ananas in Gewächshäusern. Diese Methode wurde in grossem Rahmen vor allem von den Azoreninseln übernommen, und diese sind heute noch der Europa am nächsten gelegene Ananasproduzent. Erst sehr spät, nämlich 1886, erreichte eine veredelte Ananassorte über Australien die Insel Hawaii und legte den Grundstein für die nur gerade sechs Jahre später einsetzende industrielle Früchteverarbeitung und den überwältigenden Siegeszug der Dosen-Ananas.

Saison: Ganzjährig.

Gelierfähigkeit: Schlecht, da geringer Pektin- und Säuregehalt. Unbedingt etwas Zitronensaft oder Zitronensäure (Ascorbin) beifügen sowie Gelierzucker oder eine andere Gelierhilfe verwenden.

Gut zu kombinieren mit Äpfeln, Aprikosen, Himbeeren, Kakis, Kiwis, Limonen, Orangen.

Passende Gewürze: Sternanis, Ingwer, Zitronenschale, weisser Rum, Kokoslikör, Rohrzucker (gibt einen leichten Karamelgeschmack).

Besonderheiten: Die meisten bei uns erhältlichen frischen Ananas werden unreif geerntet, damit sie auf dem Transport nicht verderben. Weil die unreifen Früchte jedoch eine unangenehm scharfe Säure besitzen, muss man sie vor Verwendung bei Zimmertemperatur nachreifen lassen. Die volle Reife erkennt man am intensiven Duft der Ananas. Für Konfitüren kann man gut auch Früchte aus der Dose verwenden. Man sollte jedoch darauf achten, eine ungezuckerte Qualität («Im eigenen Saft») zu verwenden.

Ananas-Orangen-Konfitüre

1 reife Ananas
Gelierzucker nach Gewicht der Fruchtmenge
2 Orangen
1 Zitrone

◆ Die beiden Enden der Ananas abschneiden, die Frucht der Länge nach vierteln, den harten Strunk herausschneiden und das Fruchtfleisch aus der Schale schneiden. Mit einem Wiegemesser oder im Cutter nicht zu fein hacken. Das Fruchtfleisch wiegen. In einen Topf geben.

◆ Gelierzucker im Verhältnis 1:1 (1 Kilo Zucker auf 1 Kilo Fruchtmenge) beifügen.

◆ Den Saft der Orangen und der Zitrone auspressen und ebenfalls dazugeben.

◆ Alles unter Rühren langsam aufkochen, dann sprudelnd 4 Minuten kochen lassen. Sofort in Gläser füllen und verschliessen.

Ananas-Erdbeer-Konfitüre

1 kleinere Ananas
500 g Erdbeeren
Gelierzucker nach Gewicht der Früchte
2 Zitronen

♦ Die beiden Enden der Ananas abschneiden, die Frucht der Länge nach vierteln, den harten Strunk herausschneiden und das Fruchtfleisch aus der Schale schneiden. Mit einem Wiegemesser oder im Cutter nicht zu fein hacken.
♦ Die Erdbeeren waschen, auf einem sauberen Küchentuch trocken tupfen, dann rüsten und in kleine Würfel schneiden.
♦ Ananas und Erdbeeren wiegen. Die gleiche Menge Gelierzucker abmessen und zu den Früchten geben. Mindestens 6 Stunden zugedeckt ruhen lassen.
♦ Den Saft der Zitronen auspressen und beifügen. Alles unter Rühren langsam aufkochen, dann sprudelnd 4 Minuten kochen lassen. Sofort in Gläser füllen und verschliessen.

Weitere Rezepte mit Ananas

♦ Aprikosen-Ananas-Konfitüre, Seite 24
♦ Exotenkonfitüre, Seite 91
♦ Himbeer-Ananas-Konfitüre, Seite 46
♦ Kiwi-Ananas-Konfitüre, Seite 59
♦ Kürbis-Ananas-Konfitüre, Seite 60
♦ Quittengelee mit Ananaswürfelchen, Seite 79

Apfel

Der Apfel ist bei uns nicht nur die seit Generationen am häufigsten angebaute Frucht, sondern gilt als älteste Frucht der Welt überhaupt. Im Laufe der Jahrtausende hat sich aus der einst giftigen Frucht ein unendlich vielseitiges Nahrungsmittel entwickelt. Nach Schätzungen von Fachleuten entstanden seit den ersten Veredelungsversuchen aus Kreuzungen von wilden, Granat-, Holz- und Quittenäpfeln über 6000 Sorten. Heute haben bei uns nur noch 30 Sorten eine wirtschaftliche Bedeutung. Am beliebtesten sind
Golden Delicious, Idared und Jonagold.

Saison: Ganzjährig.

Gelierfähigkeit: Gut; mittlerer Säuregehalt, hoher Pektinanteil.

Gut zu kombinieren mit Bananen, Birnen, Brombeeren, Himbeeren, Holunder, Kürbis, Orangen.

Passende Gewürze: Vanille, Zimt, Nelken, Calvados, Zitronen- oder Orangenschale.

Besonderheiten: Aus Äpfeln wird das für die Konfitüren- und Geleezubereitung wichtige Geliermittel Pektin gewonnen, welches in Gelierzucker und -pulver zur Verwendung kommt.

Apfelkonfitüre englische Art

125 g gedörrte Aprikosen
400 ml lauwarmes Wasser
750 g säuerliche Äpfel
Saft von 1 Zitrone
1 kg Zucker

- Die Aprikosen mindestens 6 Stunden, besser aber über Nacht im Wasser einweichen.
- Die Früchte herausheben und gut abtropfen lassen. Das Einweichwasser beiseite stellen. Die Aprikosen in kleine Würfel schneiden.
- Die Äpfel schälen, vierteln, das Kerngehäuse entfernen und die Früchte klein würfeln.
- Aprikosen, Äpfel, Einweichwasser, Zitronensaft und Zucker in einen Topf geben und unter Rühren langsam aufkochen. Auf mittlerem Feuer lebhaft kochen lassen und nach 10 Minuten erstmals die Gelierprobe machen (siehe Seite 9). Die Konfitüre in Gläser füllen und verschliessen.

Apfelkonfitüre mit Passionsfruchtsaft

750 g Äpfel
Saft von 1 Zitrone
500 g Gelierzucker
6 Passionsfrüchte

♦ Die Äpfel schälen, vierteln, das Kerngehäuse entfernen und die Früchte grob reiben. Mit dem Zitronensaft und dem Gelierzucker in einen Topf geben und mischen.
♦ Die Passionsfrüchte halbieren und das Fruchtfleisch mit einem Löffel herauskratzen. Durch ein Sieb zu den Äpfeln passieren; die Kerne wegwerfen.
♦ Alles unter Rühren langsam aufkochen, dann 4 Minuten sprudelnd kochen lassen. Sofort in Gläser füllen und verschliessen.

Apfel-Ingwer-Konfitüre

1 kg säuerliche Äpfel
½ l Wasser
1 Zitrone
1 Stück frische Ingwerwurzel, ca. 2 cm lang
800 g Zucker
75 g kandierter Ingwer

♦ Die Äpfel schälen, vierteln und das Kerngehäuse entfernen.
♦ Die Apfelschalen und die Kerngehäuse zusammen mit dem Wasser in einen Topf geben. Zugedeckt auf mittlerem Feuer 30 Minuten kochen lassen. Absieben und den Apfelsud beiseite stellen.
♦ Inzwischen die geschälten Äpfel in Schnitze schneiden. Mit der abgeriebenen Schale und dem Saft der Zitrone in einen Topf geben. Die Ingwerwurzel schälen, halbieren und beifügen.
♦ Den Apfelsud zu den Äpfeln geben und diese zugedeckt sehr weich kochen.
♦ Den kandierten Ingwer sehr fein hacken.
♦ Die Ingwerwurzel aus den gekochten Äpfeln entfernen. Den Zucker und den kandierten Ingwer beifügen. Die Konfitüre unter Rühren aufkochen. Auf mittlerem Feuer lebhaft kochen lassen und nach 10 Minuten erstmals die Gelierprobe machen (siehe Seite 9). Die Konfitüre in Gläser füllen und verschliessen.

Karamelisierte Apfelkonfitüre

75 g Rosinen
1 kleines Gläschen Rum
1 kg säuerliche Äpfel
Zucker nach Gewicht der Früchte
200 ml Wasser
Saft von 2 Zitronen

◆ Die Rosinen in ein Schüsselchen geben. Den Rum aufkochen und über die Rosinen giessen. Zugedeckt etwa 1 Stunde ziehen lassen.
◆ Inzwischen die Äpfel schälen, vierteln, das Kerngehäuse entfernen und die Früchte in Schnitzchen schneiden. Die Äpfel abwiegen und beiseite stellen.
◆ Zucker nach Gewicht der Äpfel abwiegen. In einen eher weiten Topf geben und das Wasser beifügen. Langsam aufkochen (nicht rühren) und dann so lange kochen lassen, bis der Zucker hellblond karamelisiert ist.
◆ Jetzt die Äpfel, die Rumrosinen sowie den Zitronensaft beifügen und alles unter häufigem Rühren 30–40 Minuten kochen lassen, bis die Äpfel sehr glasig sind. Wichtig: Am Anfang ist die Masse ziemlich zähflüssig und brennt deshalb gerne an! Die Konfitüre in Gläser füllen und verschliessen.

Apfelgelee

2 kg säuerliche Äpfel
Gelierzucker nach Saftmenge
Saft von 2 Zitronen

◆ Die Äpfel ungeschält mitsamt dem Kerngehäuse auf einer groben Raffel direkt in einen Topf reiben. Knapp mit Wasser bedecken und die Früchte so lange auf mittlerem Feuer kochen lassen, bis sie fast zerfallen. In ein Geleetuch geben und den Saft langsam ablaufen lassen.
◆ Den Saft abmessen, in den Topf zurückgeben und im Verhältnis 1:1 Gelierzucker beifügen (auf 1 Liter Flüssigkeit 1 Kilo Zucker). Den Zitronensaft beifügen.
◆ Den Saft aufkochen und unter Rühren 4 Minuten sprudelnd kochen lassen. Sofort in Gläser füllen und verschliessen.

Tip: Man kann die Äpfel auch in halb Weisswein, halb Wasser weich kochen.

Gelee mit gekauftem Apfelsaft zubereiten: Dann auf ¾ Liter Saft 1 Kilo Gelierzucker verwenden und den Saft von 2 Zitronen beifügen.

Weitere Rezepte mit Äpfeln

◆ Brombeergelee mit Himbeeren und Äpfeln, Seite 31
◆ Heidelbeer-Apfel-Gelee, Seite 44
◆ Himbeerkonfitüre mit Kläräpfeln, Seite 49
◆ Mango-Apfel-Konfitüre, Seite 62
◆ Mirabellen-Apfel-Konfitüre, Seite 67
◆ Dreifruchtgelee, Seite 92

Karamelisierte Apfelkonfitüre

Aprikose

Die Aprikose stammt ursprünglich aus China, von wo sie über Armenien nach Italien gelangte. Später brachten die Franzosen sie nach Mitteleuropa. Weltweit befinden sich die wichtigsten Anbaugebiete in Spanien, in der Türkei und in den USA. In der Schweiz ist das sonnige Wallis mit seinen lockeren, leicht erwärmbaren Böden besonders gut für den Anbau von Aprikosen geeignet, in Deutschland findet man sie in Gebieten mit Weinklima. Aprikosenkulturen sind übrigens recht aufwendig in der Pflege: Die Bäume tragen erst nach 4 Jahren Früchte, den vollen Ertrag bringen sie frühestens nach weiteren 4 Jahren, und überdies wird ein Aprikosenbaum meist nur etwa 25 bis 30 Jahre alt.

Saison: Einheimische Früchte reifen von Mitte Juli bis gegen Ende August; ausländische Sorten sind bereits ab Mai und bis September erhältlich.

Gelierfähigkeit: Der Pektin- und Säuregehalt ist mittelhoch. Es empfiehlt sich deshalb zumindest die Beigabe von etwas Zitronensaft oder Zitronensäure (Ascorbin), was auch das Aroma der Konfitüre erhöht.

Gut zu kombinieren mit Ananas, Himbeeren, Johannisbeeren, Nektarinen, Mangos, Pfirsichen, Rhabarber und Zitronen.

Passende Gewürze: Vanille, Zimt, Zitronenschale, Aprikosenlikör.

Besonderheiten: Zum Aromatisieren von Aprikosenkonfitüre kann man auch die Aprikosensteine verwenden, die ein mandelartiges Aroma haben. Dazu die Steine wie eine Nuss aufknacken und den Kern in der Konfitüre mitkochen. Allerdings ist solche Konfitüre nur beschränkt haltbar, weil sie mit der Zeit durch die Steine einen schlechten Geschmack annehmen kann.

Grossmutters Aprikosenkonfitüre

1 kg Aprikosen
150 ml Wasser
Saft von 1 Zitrone
Zucker nach Gewicht der Fruchtmasse

◆ Die Aprikosen waschen, halbieren und entsteinen. Mit dem Wasser und dem Zitronensaft in einen Topf geben und zugedeckt sehr weich kochen. Dann die Masse durch das Passiergerät (Passevite) treiben oder im Mixer pürieren.

◆ Auf 1 Kilo Aprikosenpüree 750 Gramm Zucker abwiegen (Verhältnis 4:3). Beides in den Topf geben und unter Rühren langsam aufkochen. Dann auf mittlerem Feuer lebhaft kochen lassen und erstmals nach 10 Minuten die Gelierprobe machen (siehe Seite 9).
In Gläser füllen und verschliessen.

Aprikosen-Bananen-Konfitüre

750 g Aprikosen
250 g Bananen, geschält gewogen
Saft von 4 Zitronen
1 kg Gelierzucker

◆ Die Aprikosen waschen, halbieren, entsteinen und in möglichst feine Schnitzchen schneiden. Die Bananen in dünne Scheibchen schneiden.

◆ Die Früchte mit dem Zitronensaft und dem Gelierzucker in einen Topf geben. Unter Rühren langsam aufkochen, dann 4 Minuten sprudelnd kochen lassen. Sofort in Gläser füllen und verschliessen.

Rhabarber-Vanille-Konfitüre mit Passionsfrüchten (links), Rezept Seite 81;
Aprikosen-Bananen-Konfitüre (rechts)

Dörraprikosenkonfitüre mit Orangen

250 g gedörrte Aprikosen
600 ml Wasser
5 g Zitronensäure
2 Orangen
500 g Zucker

♦ Die Dörraprikosen mit dem Wasser in eine Schüssel geben und zugedeckt mindestens 12 Stunden einweichen.
♦ Die Aprikosen mitsamt dem Einweichwasser und der Zitronensäure in einen Topf geben. Die Schale der Orangen sehr dünn abreiben (ohne das Weisse!) und beifügen. Alles zugedeckt 30 Minuten kochen lassen, bis die Aprikosen musig weich sind.
♦ Inzwischen die Orangen mit einem scharfen Messer mitsamt der weissen Haut schälen. Die Schnitze über einer Schüssel aus den Trennhäuten schneiden, dabei austretenden Saft auffangen. Die Schnitze halbieren und zum Saft geben. Den in den Trennhäuten verbliebenen Saft auspressen und beifügen.
♦ Nach 30 Minuten Kochzeit die Orangenstückchen mitsamt dem Saft sowie den Zucker beifügen und alles unter Rühren langsam aufkochen. Die Konfitüre auf mittlerem Feuer lebhaft kochen lassen und nach 10 Minuten erstmals die Gelierprobe machen (siehe Seite 9). In Gläser füllen und verschliessen.

Aprikosen-Ananas-Konfitüre

750 g Aprikosen
1 kleine Ananas
Gelierzucker nach Gewicht der Früchte
Saft von 2 Zitronen

♦ Die Aprikosen waschen, halbieren, entsteinen und in möglichst feine Schnitzchen schneiden.
♦ Die beiden Enden der Ananas abschneiden, die Frucht der Länge nach vierteln, den harten Strunk herausschneiden und das Fruchtfleisch aus der Schale schneiden. Mit einem Wiegemesser oder im Cutter grob hacken. Zu den Aprikosen geben und das Fruchtfleisch wiegen.
♦ Auf 1 Kilo Fruchtmasse 750 Gramm Gelierzucker abwiegen (Verhältnis 4:3). Mit den Früchten in einen Topf geben. Den Zitronensaft beifügen. Langsam unter Rühren aufkochen, dann 4 Minuten sprudelnd kochen lassen. Sofort in Gläser füllen und verschliessen.

Weitere Rezepte mit Aprikosen

♦ Birnen-Aprikosen-Konfitüre, Seite 29
♦ Erdbeer-Aprikosen-Konfitüre, Seite 34
♦ Rhabarber-Aprikosen-Konfitüre, Seite 80
♦ Sonnenkonfitüre, Seite 75
♦ Stachelbeer-Aprikosen-Konfitüre, Seite 82
♦ Zitronenmarmelade mit Dörraprikosen, Seite 86

Banane

Bananen gehören neben Äpfeln und Orangen zu den preisgünstigsten Früchten überhaupt, obwohl sie aus den Tropen stammen. Die Bananenpflanze ist eine Art Riesenkraut: Die mächtige, keimfreudige Wurzelknolle entwickelt schon nach wenigen Wochen die ersten Blätter, dann wächst die Pflanze rasant. Aus einem kräftigen Blütenstängel, der abgestützt werden muss, damit er nicht umfällt, entsteht eine riesige hängende Knospe. Sobald die Deckblätter abfallen, kommen darin die fingerförmigen Blütenstiele, aufgereiht zu «Händen», zum Vorschein. Jeder dieser Finger – arabisch «banan» – dreht sich der Sonne zu – und darum ist die Banane krumm. Eine einzige Knospe bringt bis zu 200 Früchte hervor, ein zentnerschweres Büschel aus 9 bis 12 Händen. Bananen erntet man immer grün, also unreif, sonst schmecken sie mehlig und streng. Erst abgeschnitten von der Nährstoffzufuhr kann die Frucht süss und gelb werden, das heisst, die Stärke wandelt sich in Zucker um.

Saison: Ganzjährig.

Gelierfähigkeit: Schlecht, da wenig Pektin und Säure vorhanden. Aus diesem Grund, aber auch um eine Braunverfärbung zu verhindern, immer etwas Zitronensaft oder Zitronensäure beifügen.

Gut zu kombinieren: Da Bananen von Natur aus ein sehr süsses Aroma haben, verwendet man sie mit Vorteil zusammen mit säurehaltigen Früchten wie Rhabarber, Johannisbeeren, Grapefruit, Orange oder Zitrone.

Passende Gewürze: Zimt, Zitronen- und Orangenschale, weisser Rum.

Besonderheiten: Reife Bananen haben jegliche Grüntönung verloren. Kleine braune Punkte auf der Schale zeigen die Vollreife an. Dunkle Spitzen und grössere braune Flächen sind bereits Zeichen von Überreife und beeinträchtigen zunehmend die Qualität der Frucht. Solche Bananen sollten nicht mehr für die Konfitürenzubereitung verwendet werden, da sie später oft gären.

Bananen-Grapefruit-Konfitüre

750 g Bananen
1 kg rosa Grapefruits
Gelierzucker nach Gewicht der Fruchtmasse
Saft von 2 Zitronen

♦ Die Bananen schälen. Die Hälfte der Früchte in dünne Rädchen schneiden, den Rest mit einer Gabel zerdrücken.

♦ Die Grapefruits quer halbieren. Mit einem Grapefruitmesser das Fruchtfleisch aus den Trennhäuten schneiden und klein würfeln. Den in den Schalen verbliebenen Saft auspressen. Alles mit den Bananen mischen und die Fruchtmasse wiegen. Auf 1 Kilo Fruchtmasse 750 Gramm Gelierzucker abmessen (Verhältnis 4:3).

♦ Früchte, Gelierzucker und Zitronensaft in einen Topf geben. Alles unter Rühren aufkochen, dann 4 Minuten sprudelnd kochen lassen. In Gläser füllen und verschliessen.

Bananen-Passionsfrucht-Konfitüre

500 g Bananen
8 Passionsfrüchte
Gelierzucker nach Gewicht der Fruchtmasse
Saft von 2 Zitronen

♦ Die Bananen schälen. In eine Schüssel geben und mit einer Gabel zerdrücken.
♦ Die Passionsfrüchte halbieren und das Fruchtfleisch auslösen. Durch ein feinmaschiges Sieb zu den Bananen passieren; die verbliebenen Kerne wegwerfen. Die Fruchtmasse abwiegen und die gleiche Menge Gelierzucker abmessen. Beides in einen Topf geben. Den Zitronensaft beifügen. Alles unter Rühren langsam aufkochen, dann 4 Minuten sprudelnd kochen lassen. Die Konfitüre in Gläser füllen und verschliessen.

Weitere Rezepte mit Bananen

♦ Aprikosen-Bananen-Konfitüre, Seite 22
♦ Stachelbeer-Bananen-Konfitüre, Seite 83

Birne

Der sogenannte «wilde Birnbaum» stammt vermutlich aus China, gelangte dann über Kleinasien nach Griechenland und in die gemässigten Regionen Europas. Vor allem die Römer nahmen sich der Veredelung der Birne an: Bereits im 1. Jahrhundert n. Chr. zählte man 41 verschiedene Birnensorten. Ihre Vielfalt ist heute auf etwa 5000 Varietäten angewachsen. Davon werden allerdings nur etwa zwei Dutzend angebaut. Der Grossteil der Birnen werden «pflückreif», das heisst noch leicht grünlich und mit festem Fruchtfleisch geerntet und dann in speziellen klimatisierten Lagern aufbewahrt, wo der Reifeprozess so gesteuert wird, dass sie während des ganzen Winters als Frischobst zur Verfügung stehen.

Saison: Ab Mitte Juli bis Ende März.

Gelierfähigkeit: Schlecht, da Birnen wenig Pektin und Säure enthalten. Aus diesem Grund, aber auch um das Aroma zu steigern und eine Braunfärbung der Konfitüre zu verhindern, immer etwas Zitronensaft oder Zitronensäure beifügen.

Gut zu kombinieren mit Äpfeln, Brombeeren, Holunder, Preiselbeeren, Trauben (Saft), Zwetschgen.

Passende Gewürze: Vanille, Zimt, Ingwer, Kardamom, Nelken, Holunderblüten, Zitronenschale, Williams (Birnenschnaps).

Besonderheiten: Bei der Verwendung für Konfitüre daran denken, dass die «pflückreif» verkauften Birnen einige Tage bei Zimmertemperatur gelagert werden müssen, bis sie ihre volle Reife erlangt haben.

Birnenkonfitüre

Saft von 3 Zitronen
1 kg vollreife Birnen
1 kg Gelierzucker
1 Vanillestängel

◆ Den Zitronensaft in einen Topf geben. Die Birnen schälen, vierteln, das Kerngehäuse entfernen und die Früchte an einer groben Raffel direkt zum Zitronensaft reiben. Sofort mischen, um eine Braunfärbung der Birnen zu verhindern.

◆ Den Gelierzucker beifügen. Den Vanillestängel der Länge nach aufschlitzen und zusammen mit den herausgekratzten Samen beifügen. Alles unter Rühren aufkochen, dann sprudelnd 4 Minuten kochen lassen. In Gläser füllen und verschliessen.

Birnenkonfitüre mit Granatapfel und Passionsfrucht

500 g vollreife Birnen
Saft von 1 Zitrone
750 g Gelierzucker
2 Granatäpfel
50 ml Weisswein
6 Passionsfrüchte

♦ Die Birnen schälen, vierteln, das Kerngehäuse entfernen und die Früchte in kleine Stücke schneiden. Sofort mit dem Zitronensaft mischen. Mit dem Stabmixer oder im Cutter grob hacken (nicht pürieren!). Den Gelierzucker beifügen.
♦ Die Granatäpfel quer halbieren und die Kerne mit einem Löffel herauslösen. Sorgfältig arbeiten, da Granatapfelsaft auf Textilien bleibende Flecken hinterlässt! Die Kerne mit dem Weisswein in ein Pfännchen geben und zugedeckt 5 Minuten kochen lassen. Dann durch ein feines Sieb passieren und zur Birnenmasse geben. Alles gut mischen.
♦ Die Passionsfrüchte halbieren und das Fruchtfleisch mit einem Löffel auslösen. Zur Birnenmasse geben. Alles unter Rühren aufkochen, dann 4 Minuten sprudelnd kochen lassen. Sofort in Gläser füllen und verschliessen.

Birnen-Aprikosen-Konfitüre

250 g gedörrte Aprikosen
¼ l Wasser
750 g vollreife Birnen
Saft von 3 Zitronen
1 kg Gelierzucker
nach Belieben 2 Esslöffel Aprikosenlikör

♦ Die Aprikosen mit dem Wasser in eine Schüssel geben und zugedeckt 12 Stunden einweichen. Dann mitsamt der Flüssigkeit in einen Topf geben.
♦ Die Birnen schälen, vierteln, das Kerngehäuse entfernen und die Früchte quer in dünne, kleine Scheibchen schneiden. Mit dem Zitronensaft zu den Aprikosen geben. Alles auf kleinem Feuer 20–25 Minuten weich kochen.
♦ Den Gelierzucker beifügen und unter Rühren alles wieder zum Kochen bringen, dann 4 Minuten sprudelnd kochen lassen. Vom Feuer ziehen. Nach Belieben den Aprikosenlikör beifügen. Die Konfitüre in Gläser füllen und verschliessen.

Weitere Rezepte mit Birnen

♦ Preiselbeer-Birnen-Konfitüre, Seite 76

Birnenkonfitüre mit Granatapfel und Passionsfrucht

Brombeere

Die wie Unkraut wachsenden Brombeersträucher liefern auch heute noch jede Menge Wildfrüchte wie in alten Zeiten; das Pflücken wird jedoch durch widerwärtige spitze Stacheln an den Zweigen erschwert. Inzwischen gibt es zwar auch eine Reihe von Züchtungen für Gärten und Kulturen, die stachellos und dementsprechend pflegeleicht sind; allerdings muss man dafür einen weit faderen Beerengeschmack als jenen der wilden Früchte in Kauf nehmen.

Saison: Mitte Juli bis Mitte Oktober.

Gelierfähigkeit: Mittlerer Pektin- und Säuregehalt (siehe auch «Besonderheiten»).

Gut zu kombinieren mit Äpfeln, Birnen, Himbeeren, Holunder, Johannisbeeren, Nektarinen, Pfirsichen.

Passende Gewürze: Vanille, Zimt, Zitronenschale, Rotwein.

Besonderheiten: Ausgereifte Beeren ergeben eher milde Konfitüren oder Gelees. Wer etwas mehr Säure wünscht, gibt für Gelee einige rote, noch nicht vollreife Beeren bei, für Konfitüre etwas Johannisbeer- oder Zitronensaft.

Brombeerkonfitüre

1 kg Brombeeren
1 kg Gelierzucker
Saft von 3 Zitronen

◆ Die Brombeeren kurz kalt abspülen und auf einem sauberen Tuch sorgfältig trocken tupfen. Unschöne oder angefaulte Beeren entfernen. Die Beeren mit einer Gabel leicht zerdrücken und in einen Topf geben.
◆ Den Gelierzucker und den Zitronensaft zu den Beeren geben. Alles unter Rühren langsam aufkochen, dann 4 Minuten sprudelnd kochen lassen. In Gläser füllen und verschliessen.

Tip: Für eine Konfitüre ohne Kerne die zerdrückten oder im Mixer pürierten Beeren durch ein feinmaschiges Sieb streichen. Das Fruchtmus abwiegen und mit der gleichen Menge Gelierzucker mischen.

Brombeer-Holunder-Konfitüre

750 g Brombeeren
400 g Holunderbeeren an den Dolden
1 kg Gelierzucker
Saft von 2 Zitronen

◆ Die Brombeeren kurz kalt abspülen und auf einem sauberen Küchentuch sorgfältig trocken tupfen. In einen Topf geben.
◆ Die Holunderbeerendolden kurz kalt abspülen und sehr gut abtropfen lassen. Dann die Beeren von den Zweigen abstreifen und zu den Brombeeren geben. Die Fruchtmasse mit einer Gabel leicht zerdrücken.
◆ Gelierzucker und Zitronensaft beifügen. Alles unter Rühren langsam aufkochen, dann 4 Minuten sprudelnd kochen lassen. In Gläser füllen und verschliessen.

Brombeergelee mit Himbeeren und Äpfeln

500 g Brombeeren
500 g Himbeeren
250 g Äpfel
Zucker nach Saftmenge
1 Zitrone

◆ Die Brombeeren kurz kalt abspülen. Die Himbeeren nur verlesen. In einen Topf geben.
◆ Die Äpfel waschen und ungeschält mitsamt dem Kerngehäuse an einer groben Raffel zu den Beeren reiben. Die Früchte knapp mit Wasser bedecken. Aufkochen, dann auf mittlerem Feuer 10 Minuten kochen lassen. In ein Geleetuch geben und den Saft ablaufen lassen.
◆ Den Saft abmessen, in den Topf zurückgeben und zur Hälfte einkochen lassen. Wiederum abmessen. Auf ½ Liter Saft 400 g Zucker (Verhältnis 5:4) sowie den Zitronensaft beifügen. Alles unter Rühren aufkochen und mindestens 10 Minuten lebhaft kochen lassen, dann erstmals die Gelierprobe machen (siehe Seite 9). In Gläser füllen und verschliessen.

Brombeer-Pfirsich-Konfitüre

500 g Brombeeren
600 g Pfirsiche
1 kg Gelierzucker
Saft von 3 Zitronen
nach Belieben 2–3 Esslöffel weisser Rum

◆ Die Brombeeren kurz kalt abspülen und auf einem sauberen Küchentuch sorgfältig trocken tupfen. Unschöne oder angefaulte Beeren entfernen.
◆ Die Pfirsiche kurz in kochendes Wasser tauchen, schälen, halbieren, entsteinen und das Fruchtfleisch klein würfeln.
◆ Brombeeren, Pfirsiche, Gelierzucker und Zitronensaft in einen Topf geben. Unter Rühren langsam aufkochen, dann sprudelnd 4 Minuten kochen lassen. Vom Herd ziehen und die Konfitüre nach Belieben mit Rum parfümieren. In Gläser füllen und verschliessen.

Erdbeere

Unsere heutigen grossen Gartenerdbeeren entstammen Kreuzungen aus Wildsorten, die im 18. Jahrhundert aus Nordamerika und Chile nach Europa gebracht wurden. Wenn auch die verschiedenen Zuchtsorten grösser und haltbarer sind als die kleinen wild wachsenden Walderdbeeren, so kommen sie geschmacklich doch nie an diese heran. Im Gegenteil: Je grösser die Beeren, desto weniger Aroma haben sie. Heute ist die Zahl der Erdbeersorten unüberschaubar, und jedes Jahr tauchen neue auf. Doch nur wenige halten sich über längere Zeit. Deshalb werden Erdbeeren auch nur ganz selten nach Sorten gehandelt. Auch wenn die ersten Beeren aus klimatisch bevorzugten Ländern wie Spanien oder Italien bereits Ende März in grossen Mengen auf den Markt kommen, lohnt es sich doch, bis im Juni auf die einheimischen Erdbeeren zu warten. Sie werden nämlich optimal genussreif geerntet und gelangen innerhalb von 24 Stunden frisch, saftig und aromatisch aus den wichtigsten Produktionsgebieten zum Konsumenten. Für die Konfitürenzubereitung eignen sich vor allem mittelspäte bis späte Früchte.

Saison: Hauptsaison Juni bis Ende Juli, vereinzelte Sorten bis Ende September.

Gelierfähigkeit: Schlecht, da die Beeren nur wenig Pektin und Säure enthalten. Aus diesem Grund, aber auch, um die rote Farbe besser zu erhalten, immer etwas Zitronensaft oder Zitronensäure (Ascorbin) beifügen.

Gut zu kombinieren mit Aprikosen, Bananen, Himbeeren, Johannisbeeren, Kirschen, Orangen, Rhabarber, Stachelbeeren.
Passende Gewürze: Vanille, Schale und Saft von Orange und Zitrone, Orangenlikör.

Besonderheiten: Erdbeeren zuerst waschen, dann erst die Stiele herausdrehen, damit sie beim Waschen nicht Saft und Aroma verlieren. Erdbeerkonfitüre nicht zu lange lagern, denn sie verliert nicht nur ihre leuchtend rote Farbe, sondern auch viel von ihrem Aroma. Es ist deshalb empfehlenswert, allenfalls einen Teil der Beeren tiefzukühlen, um dann im Herbst und Winter frische Konfitüre zubereiten zu können.

Erdbeerkonfitüre

1 kg Erdbeeren
800 g Gelierzucker
Saft von 3 Zitronen

◆ Die Erdbeeren waschen, gut abtropfen lassen, die Stiele herausdrehen und die Früchte vierteln. Mit einer Gabel zerdrücken. In einen Topf geben.

◆ Den Gelierzucker und den Zitronensaft beifügen. Langsam unter Rühren aufkochen, dann 4 Minuten sprudelnd kochen lassen. In Gläser füllen und verschliessen.

Erdbeer-Aprikosen-Konfitüre

500 g Erdbeeren
500 g vollreife Aprikosen
800 g Gelierzucker
Saft von 2 Zitronen
1 Vanillestängel

♦ Die Erdbeeren waschen, die Stiele herausdrehen und die Früchte vierteln. Mit einer Gabel grob zerdrücken.
♦ Die Aprikosen waschen, halbieren, entsteinen und in Schnitze schneiden. Mit dem Stabmixer grob zerhacken (nicht fein pürieren).
♦ Erdbeeren, Aprikosen, Gelierzucker und Zitronensaft in einen Topf geben und mischen. Den Vanillestängel der Länge nach aufschneiden und zusammen mit den herausgekratzten Samen zu den Früchten geben. Langsam unter Rühren aufkochen, dann 4 Minuten sprudelnd kochen lassen. Den Vanillestängel entfernen. Die Konfitüre in Gläser füllen und verschliessen.

Erdbeer-Orangen-Konfitüre

Ca. 2 kg Orangen
750 g Erdbeeren
Gelierzucker nach Gewicht der Fruchtmasse

♦ Die Schale von 2 Orangen fein abreiben (nur das Gelbe, der weisse Teil der Schale schmeckt bitter!) und zur weiteren Verwendung beiseite stellen.
♦ Die Orangen mit einem scharfen Messer mitsamt der weissen Haut schälen. Dann die Schnitze aus den Trennhäuten schneiden. Das Fruchtfleisch im Mixer oder mit dem Stabmixer pürieren. Abwiegen und mit der abgeriebenen Schale in einen Topf geben.
♦ Die Erdbeeren waschen, die Stiele herausdrehen und die Früchte in Scheibchen schneiden. Ebenfalls abwiegen. Zu den Orangen geben.
♦ Das Gewicht der beiden Früchte zusammenzählen und die gleiche Menge Gelierzucker abwiegen (Verhältnis 1:1). Beifügen und alles langsam unter Rühren aufkochen, dann 4 Minuten sprudelnd kochen lassen. In Gläser füllen und verschliessen.

Erdbeerkonfitüre mit Zitronenschnitzchen

500 g Erdbeeren
500 g Gelierzucker
3 Zitronen

♦ Die Erdbeeren waschen, die Stiele herausdrehen und die Früchte vierteln. Mit einer Gabel grob zerdrücken. Mit dem Gelierzucker in einen Topf geben, mischen und kurz ziehen lassen.
♦ Die Zitronen mit einem scharfen Messer mitsamt der weissen Haut schälen. Die Schnitzchen aus den Trennhäuten schneiden; dabei über dem Topf mit den Erdbeeren arbeiten und den austretenden Saft auffangen. Den Saft in den verbliebenen Fruchthäuten der Zitrone ausdrücken und beifügen.
♦ Die Fruchtmasse unter Rühren aufkochen, dann 4 Minuten sprudelnd kochen lassen. In Gläser füllen und verschliessen.

Erdbeer-Tee-Gelee

2 kg Erdbeeren
½ l Wasser
2 EL roter Früchtetee
Gelierzucker nach Saftmenge
Saft von 3 Zitronen

♦ Die Erdbeeren waschen, die Stiele herausdrehen, die Früchte vierteln und in einen Topf geben. Mit einer Gabel grob zerdrücken. Das Wasser sowie die Früchteteeblätter beifügen und aufkochen. Auf lebhaftem Feuer etwa 5 Minuten kochen lassen. In ein Geleetuch geben und den Saft langsam ablaufen lassen.
♦ Den Saft abmessen und in einen Topf geben. Gelierzucker im Verhältnis 3:4 beifügen (auf ¾ Liter Saft 1 Kilo Zucker). Den Zitronensaft dazugeben.
♦ Den Saft unter Rühren aufkochen, dann 4 Minuten sprudelnd kochen lassen. In Gläser füllen und verschliessen.

Erdbeer-Rhabarber-Gelee

1 kg Erdbeeren
500 g Rhabarber
200 ml Wasser
Gelierzucker nach Saftmenge
Saft von 1 Zitrone

♦ Die Erdbeeren waschen, den Stiel herausdrehen und die Früchte vierteln. Mit einer Gabel grob zerdrücken. In einen Topf geben.
♦ Den Rhabarber rüsten und in kleine Stücke schneiden. Zu den Erdbeeren geben und das Wasser beifügen. Aufkochen, dann auf lebhaftem Feuer 10 Minuten kochen lassen. In ein Geleetuch geben und den Saft langsam ablaufen lassen.
♦ Den Saft abmessen und in einen Topf geben. Gelierzucker im Verhältnis 3:4 beifügen (auf ¾ Liter Saft 1 Kilo Zucker). Den Zitronensaft dazugeben. Alles unter Rühren aufkochen, dann 4 Minuten sprudelnd kochen lassen. In Gläser füllen und verschliessen.

Weitere Rezepte mit Erdbeeren

♦ Ananas-Erdbeer-Konfitüre, Seite 17
♦ Roh gerührte Konfitüre, Seite 90
♦ Dreifruchtgelee, Seite 92

Feige

Jahrhundertelang war bei uns die Feige nur als gedörrte Frucht erhältlich. Heute werden während der Sommermonate auch frische Früchte aus Italien und der Türkei importiert. Weltweit gibt es unendlich viele Feigensorten. Bei uns bekommen wir jedoch nur die grüne und die blauviolette Feige. Saison: Juli bis Oktober.

Gelierfähigkeit: Schlecht, da die Früchte nur wenig Pektin und Säure enthalten. Aus diesem Grund, aber auch, um das Aroma zu heben, immer etwas Zitronen- und/oder Orangensaft beifügen.

Gut zu kombinieren mit Äpfeln, Himbeeren, Orangen, Zitronen.

Passende Gewürze: Vanille, Zimt, Orangen- und Zitronenschale, Rotwein oder Portwein.

Besonderheiten: Reife Feigen sind sehr empfindlich und nicht lange haltbar, deshalb möglichst noch am Einkaufstag verbrauchen. Unreife Feigen können zwar bei Zimmertemperatur nachreifen, erreichen allerdings nicht das Aroma sonnengereifter Früchte. Die Früchte können, müssen aber nicht geschält werden. Für Konfitüre unbedingt vollreife, aber nur unbeschädigte Früchte verwenden.

Feigen-Rotwein-Konfitüre

800 g frische Feigen
100 ml Rotwein
1 Zimtstange
1 kg Gelierzucker
Saft von 2 Zitronen

♦ Die Feigen unter fliessendem Wasser sorgfältig spülen und mit Küchenpapier trockentupfen. Den Stiel entfernen, die Früchte in kleine Stückchen schneiden und in einen Topf geben. Rotwein, Zimtstange sowie Gelierzucker beifügen und alles gut mischen. Zugedeckt etwa 6 Stunden, besser aber über Nacht stehen lassen.

♦ Den Zitronensaft zu den Feigen geben. Alles unter Rühren langsam aufkochen, dann 4 Minuten sprudelnd kochen lassen. Die Zimtstange entfernen. Die Konfitüre in Gläser füllen und verschliessen.

Feigenkonfitüre mit Orangensaft

750 g frische Feigen
200 ml frisch gepresster Orangensaft (von etwa 2–3 Orangen)
Saft von 1 Zitrone
1 kg Gelierzucker

♦ Die Feigen unter fliessendem Wasser sorgfältig spülen und mit Küchenpapier trocken tupfen. Den Stiel entfernen, die Früchte in kleine Stückchen schneiden und in einen Topf geben.

♦ Den Orangen- und Zitronensaft sowie den Gelierzucker beifügen. Alles unter Rühren langsam aufkochen, dann 4 Minuten sprudelnd kochen lassen. In Gläser füllen und verschliessen.

Feigen-Rotwein-Konfitüre

Grapefruit

Wörtlich aus dem Englischen übersetzt bedeutet Grapefruit Traubenfrucht, weil ihre grossen gelben Früchte wie Trauben am Baum hängen. Wahrscheinlich ist sie eine zufällige Kreuzung aus der Orange und einer Zitronenart. Zum ersten Mal tauchte sie 1750 in Puerto Rico auf und gelangte von dort aus um 1870 in die USA. Die Amerikaner sind auch heute noch der weltgrösste Grapefruitproduzent. In den südlichen Mittelmeerraum wurde die Grapefruit erst kurz vor dem Ersten Weltkrieg gebracht. Dort ist heute Israel mit seinem speziellen Mikroklima der wichtigste Produzent. Neben den herkömmlichen Sorten mit blassgelbem Fruchtfleisch und feinherbem Aroma werden heute auch Grapefruits mit rosa und rotem Fruchtfleisch angeboten. Sie schmecken deutlich süsser und sind besonders saftig.

Saison: Ganzjährig.

Gelierfähigkeit: Gut, da viel Pektin und Säure vorhanden.

Gut zu kombinieren mit Bananen, Brombeeren, Himbeeren, Kirschen, Kiwis, Limonen, Orangen und Zitronen.

Passende Gewürze: Abgeriebene oder fein geschnittene Schale anderer Zitrusfrüchte, in Zuckersirup eingelegter Ingwer, Rum, Curaçao, Orangenlikör, Rohrzucker (gibt einen leichten Karamelgeschmack).

Besonderheiten: Für manche Konfitüren wird das Fruchtfleisch ausgelöst. Für gemischte Zitruskonfitüren hingegen wird die Grapefruit meistens mitsamt der Schale verwendet. Unbedingt ungespritzte Früchte kaufen! Für Gelee immer frisch gepressten Saft verwenden, weil er deutlich besser geliert als Saft aus der Flasche oder der Tetra-Packung.

Englische Grapefruitkonfitüre

4 Grapefruits
Gelierzucker nach Gewicht der Fruchtmasse

♦ Die Grapefruits gründlich heiss waschen und mit Küchenpapier trocknen. Mit einem Sparschäler nur den gelben Teil der Schale ablösen (ohne die weisse Haut, welche bitter ist!) und diesen in feinste, millimeterschmale Streifchen schneiden.

♦ Die Grapefruits mit einem scharfen Messer schälen, dabei die weisse Haut vollständig ablösen, so dass das Fruchtfleisch freiliegt. Dieses in kleine Stücke schneiden, dabei die Kerne entfernen. Das Fruchtfleisch wiegen. Dann mit den Schalenstreifchen in einen Topf geben.

♦ Gelierzucker im Verhältnis 1:1 beifügen (auf 1 Kilo Fruchtfleisch 1 Kilo Zucker). Alles gut mischen und zugedeckt 3–4 Stunden ziehen lassen.

♦ Alles unter Rühren langsam aufkochen, dann 4 Minuten sprudelnd kochen lassen. In Gläser füllen und verschliessen.

Grapefruit-Orangen-Konfitüre mit Karamelzucker

2 Grapefruits
4 Orangen
Zucker nach Gewicht der Fruchtmasse
Saft von 2 Zitronen

◆ Die Grapefruits gründlich heiss waschen und mit Küchenpapier trocknen. Mit einem Sparschäler nur den gelben Teil der Schale ablösen (ohne die weisse Haut, welche bitter ist!) und diesen in feinste, millimeterschmale Streifchen schneiden.
◆ Die Grapefruits mit einem scharfen Messer schälen, dabei die weisse Haut vollständig ablösen, so dass das Fruchtfleisch freiliegt. Dieses in kleine Stücke schneiden, dabei die Kerne entfernen. In eine Schüssel geben.
◆ Die Orangen ebenfalls mitsamt der weissen Haut schälen. Dann die Schnitze aus den Trennhäuten schneiden; dabei über der Schüssel mit den Grapefruits arbeiten, um den Saft aufzufangen. Den in den Fruchthäuten verbliebenen Saft auspressen und beifügen. Die Orangenschnitze in kleine Stücke schneiden und zu den Grapefruits geben. Die Fruchtmasse abwiegen.
◆ Zucker im Verhältnis 1:1 (1 Kilo Zucker auf 1 Kilo Fruchtmasse) abwiegen. Die Hälfte des Zuckers in einen Topf geben und zu hellbraunem Karamel schmelzen. Wichtig: Er darf nicht zu dunkel werden, sonst schmeckt die Konfitüre später bitter. Vom Feuer nehmen. Den restlichen Zucker sowie das Fruchtfleisch, die Schalenstreifchen und den Zitronensaft beifügen.
◆ Die Konfitüre unter Rühren langsam aufkochen, dann lebhaft kochen lassen. Nach 10 Minuten Kochzeit erstmals die Gelierprobe machen. Die Konfitüre in Gläser füllen und verschliessen.

Rosa Grapefruitgelee

4 rosa Grapefruits
100 g Himbeeren (evtl. tiefgekühlt)
Saft von 1 Zitrone
750 g Gelierzucker

◆ Den Saft der Grapefruits auspressen und abmessen. Es soll nicht mehr als ½ Liter ergeben; überschüssigen Saft abgiessen (und trinken!).
◆ Den Grapefruitsaft in einen Topf geben und die Himbeeren beifügen.
◆ Den Zitronensaft und den Gelierzucker dazugeben, aufkochen und unter Rühren 4 Minuten sprudelnd kochen lassen. Dann durch ein Geleetuch giessen. Die Masse sofort in Gläser füllen und verschliessen.

Weitere Rezepte mit Grapefruits

◆ Kiwi-Grapefruit-Konfitüre, Seite 59
◆ Zitronen-Grapefruit-Gelee, Seite 87
◆ Zitrusfrüchtegelee, Seite 92

Hagebutte

Die Hagebutten sind die Scheinfrüchte verschiedener wild wachsender Rosen, von denen die Hecken- oder Hundsrose die bekannteste ist. Man findet sie häufig an Wald- und Feldrändern oder an sonnigen Hängen. Das Pflücken und Zubereiten der äusserst Vitamin-C-haltigen Früchte macht zwar etwas Mühe, dennoch lohnt sich die Arbeit, lassen sich doch daraus ausgezeichnete Konfitüren zubereiten. Von den Gartenrosen eignet sich nur die Apfel- oder Kartoffelrose, ein als dichte Heckenpflanze beliebter Strauch, dessen Hagebutten deutlich grösser sind als die wild wachsenden Früchte, dafür aber einen niedrigeren Vitamingehalt besitzen.

Saison: Oktober bis November.

Gelierfähigkeit: Schlecht, da wenig Pektin vorhanden; der Säuregehalt ist mittelhoch.

Gut zu kombinieren mit Ananas, Äpfeln, Birnen, Orangen.

Passende Gewürze: Vanille, Zimt, Orangenschale und -saft, Orangenlikör, Whisky.

Besonderheiten: Die Hagebutten sind innen mit feinbehaarten Kernen gefüllt, die starken Juckreiz verursachen können. Deshalb beim Entkernen Gummihandschuhe tragen oder öfter einmal die Hände waschen. Auch noch einige Zeit nach der Zubereitung mit den Händen nicht die Augen reiben!

Hagebuttenkonfitüre

1 kg Hagebutten
1 Vanillestängel
Gelierzucker nach Gewicht der Fruchtmasse
Saft von 1 Zitrone

◆ Die Hagebutten von Blütenansatz und Stielen befreien, waschen und gut abtropfen lassen. Die Früchte der Länge nach halbieren und in einen Topf geben. Mit Wasser knapp bedecken und etwa 30 Minuten kochen lassen.

◆ Die Hagebutten mitsamt der Kochflüssigkeit durch das Passiergerät (Passevite, mit feinstem Siebeinsatz) treiben oder durch ein Sieb streichen. Die Fruchtmasse abwiegen, dann in einen Topf geben.

◆ Den Vanillestängel der Länge nach halbieren und zusammen mit den herausgekratzten Samen zum Hagebuttenmus geben.

◆ Gelierzucker im Verhältnis 1:1 (1 Kilo Zucker auf 1 Kilo Fruchtmasse) beifügen. Den Zitronensaft dazugeben. Alles unter Rühren aufkochen, dann 4 Minuten sprudelnd kochen lassen. In Gläser füllen und verschliessen.

Tip: Man kann die Hagebutten nach dem Waschen auch entkernen. Dann die Früchte nochmals kalt abspülen und mit Wasser bedeckt über Nacht stehen lassen. Am nächsten Tag im Einweichwasser 20–30 Minuten weich kochen und im Mixer pürieren. Dann nach Rezept weiterfahren. Dies ergibt eine besonders aromatische Konfitüre, ist jedoch sehr arbeitsaufwändig.

Hagebutten-Orangen-Konfitüre

1 kg Hagebutten
pro 400 g Hagebuttenmus: 200 ml frisch gepresster Orangensaft
Gelierzucker nach Gewicht der Fruchtmasse

◆ Die Hagebutten von Blütenansatz und Stielen befreien, waschen und gut abtropfen lassen. Die Früchte der Länge nach halbieren und in einen Topf geben. Mit Wasser knapp bedecken und etwa 30 Minuten kochen lassen.
◆ Die Hagebutten mitsamt der Kochflüssigkeit durch das Passiergerät (Passevite, mit feinstem Siebeinsatz) treiben oder durch ein Sieb streichen. Die Fruchtmasse abwiegen. Die entsprechende Menge Orangensaft (auf 400 g Mus 200 ml) beifügen, dann erneut wiegen und die Fruchtmasse in einen Topf geben.
◆ Gelierzucker im Verhältnis 1:1 (1 Kilo Zucker auf 1 Kilo Fruchtmasse) beifügen. Alles unter Rühren langsam aufkochen, dann 4 Minuten sprudelnd kochen lassen. Die Konfitüre in Gläser füllen und verschliessen.

Hagebutten-Ananas-Konfitüre

1 kg Hagebutten
1 kleine Dose ungezuckerte Ananas
Gelierzucker nach Gewicht der Fruchtmasse
Saft von 2 Zitronen

◆ Die Hagebutten von Blütenansatz und Stielen befreien, waschen und gut abtropfen lassen. Die Früchte der Länge nach halbieren und in einen Topf geben. Mit Wasser knapp bedecken und etwa 30 Minuten kochen lassen.
◆ Die Hagebutten mitsamt der Kochflüssigkeit durch das Passiergerät (Passevite, mit feinstem Siebeinsatz) treiben oder durch ein Sieb streichen. Die Fruchtmasse abwiegen.
◆ Die Ananas grob hacken und mitsamt der Flüssigkeit aus der Dose zu den Hagebutten geben. Die Fruchtmasse erneut wiegen und alles in einen Topf geben.
◆ Gelierzucker im Verhältnis 1:1 (1 Kilo Zucker auf 1 Kilo Fruchtmasse) beifügen. Den Zitronensaft dazugeben. Alles unter Rühren aufkochen, dann 4 Minuten sprudelnd kochen lassen. In Gläser füllen und verschliessen.

Heidelbeere

Schon die Römer kannten die kleinen schwarzblauen Beeren, und diese sind auch heute noch der Inbegriff für Wildfrüchte. Der Zwergstrauch wächst in lichtdurchlässigen Nadel- und Mischwäldern bis gegen die Baumgrenze hinauf, aber auch in Hochmooren. Weil das Sammeln der Heidelbeeren eine aufwändige Arbeit ist, sind die kleinen Wildfrüchte auch relativ teuer. Inzwischen werden Heidelbeeren auch gezüchtet. Gezüchtete Beeren sind deutlich grösser, prall, fest und wesentlich robuster als die wilden Früchte, besitzen jedoch viel weniger Aroma; oft schmecken sie leicht mehlig. Ihr Fruchtfleisch ist weisslich und färbt deshalb Mund und Zähne nicht so intensiv blau wie die Wildfrüchte.

Saison: Mitte Juli bis Mitte September.

Gelierfähigkeit: mittelhoch; mittlerer Pektin- und Säuregehalt.

Gut zu kombinieren mit Äpfeln, Brombeeren, Pfirsichen, Orangen.

Passende Gewürze: Zimt, Nelken, Schale und Saft von Orange und Zitrone.

Besonderheiten: Wilde Heidelbeeren sind sehr empfindlich und müssen deshalb sofort verwendet werden; sie ertragen keine Lagerung. Kulturheidelbeeren können auf einem Tablett locker ausgebreitet 1–2 Tage im Kühlschrank aufbewahrt werden. Etwas Säure tut den Heidelbeeren bei der Konfitüren- oder Geleezubereitung gut, deshalb immer etwas Zitronensaft beifügen.

Heidelbeerkonfitüre

1 kg Heidelbeeren
1 kg Gelierzucker
Saft von 2 Zitronen

♦ Die Heidelbeeren kurz kalt abspülen, gut abtropfen lassen und sorgfältig verlesen. In einen Topf geben und mit einer Gabel leicht zerdrücken.

♦ Den Gelierzucker und den Zitronensaft beifügen. Unter Rühren langsam aufkochen, dann 4 Minuten sprudelnd kochen lassen. Die Konfitüre in Gläser füllen und verschliessen.

Pflaumengelee (links), Rezept Seite 68;
Englische Bitterorangenmarmelade (Mitte), Rezept Seite 70;
Heidelbeer-Apfelgelee (rechts), Rezept Seite 44

Heidelbeer-Orangen-Konfitüre

500 g Heidelbeeren
2 Orangen
600 g Gelierzucker
½ Teelöffel Zimt
6 Gewürznelken
Saft von 1 Zitrone

♦ Die Heidelbeeren kurz kalt spülen, gut abtropfen lassen und sorgfältig verlesen. In einen Topf geben.
♦ Die Orangenschale ohne den weissen Teil der Schale dünn zu den Heidelbeeren reiben. Dann die Orangen mit einem scharfen Messer mitsamt der weissen Haut schälen. Die Schnitze aus den Trennhäuten schneiden, dann klein würfeln und zu den Heidelbeeren geben. Alles mit einer Gabel leicht zerdrücken.
♦ Gelierzucker und Zimt beifügen. Die Nelken in ein kleines Stück Gaze wickeln und dieses zubinden. Zur Fruchtmasse geben. Den Zitronensaft beifügen. Alles unter Rühren langsam aufkochen, dann 4 Minuten sprudelnd kochen lassen. Die Nelken entfernen. Die Konfitüre in Gläser füllen und verschliessen.

Heidelbeer-Apfel-Gelee

500 g Äpfel
500 g Heidelbeeren
Gelierzucker nach Saftmenge
Saft von 1 Zitrone

♦ Die Äpfel ungeschält mitsamt dem Kerngehäuse an einer groben Raffel in einen Topf reiben. Die Heidelbeeren beifügen. Die Früchte knapp mit Wasser bedecken. Aufkochen, dann auf mittlerem Feuer 10 Minuten kochen lassen. In ein Geleetuch geben und den Saft ablaufen lassen.
♦ Den Saft abmessen. Gelierzucker im Verhältnis 1:1 beifügen (1 Kilo Zucker auf 1 Liter Saft). Den Zitronensaft dazugeben. Alles unter Rühren langsam aufkochen, dann 4 Minuten sprudelnd kochen lassen. Den Gelee in Gläser füllen und verschliessen.

Himbeere

Himbeeren wachsen wild im mittleren und nördlichen Europa, in Asien und im nordöstlichen Nordamerika in lichten Wäldern, Hecken und Gebüschen, von der Ebene bis in die Berge hinauf. In allen Ländern dieses riesigen natürlichen Verbreitungsgebietes werden die hoch aromatischen Beeren inzwischen längst auch gezüchtet; man zählt über 1000 verschiedene Sorten. Diese sind zwar nicht von so intensivem Geschmack wie die wild wachsenden Beeren, aber durch die Kultivierung wurde die Himbeerzeit bis Ende September verlängert.

Saison: Anfang Juli bis Ende September.

Gelierfähigkeit: mittelhoch; mittlerer Pektin- und Säuregehalt.

Gut zu kombinieren mit Ananas, Äpfeln, Aprikosen, Brombeeren, Erdbeeren, Johannisbeeren, Kirschen, Kiwis, Mangos, Nektarinen, Pfirsichen, Rhabarber, Stachelbeeren.

Passende Gewürze: Vanille, Schale und Saft von Zitrone, Himbeergeist.

Besonderheiten: Himbeeren sind äusserst druckempfindlich und schimmeln leicht. Man sollte deshalb beim Einkauf darauf achten, ob der Boden der Schale oder des Kartons, in welchen die Beeren angeboten werden, von Saft durchtränkt ist; dann sind die Himbeeren nicht mehr einwandfrei. Himbeeren nicht waschen, weil sie dabei Saft und Form verlieren. Ist es unumgänglich, tut man dies in lauwarmem, nicht kaltem Wasser. Nie unreife Himbeeren für Konfitüre verwenden, da sie beim Einkochen hart werden. Man sollte auch nicht zu grosse Mengen auf einmal einmachen, da die Konfitüre relativ schnell Aroma und Farbe verliert. Besser ist, aus gefrorenen Beeren immer wieder frische Konfitüre zu kochen.

Himbeerkonfitüre

1 kg Himbeeren
1 kg Gelierzucker
Saft von 2 Zitronen

◆ Die Himbeeren sorgfältig verlesen. In einen Topf geben. Den Gelierzucker beifügen und alles gut mischen. Zugedeckt 3–4 Stunden durchziehen lassen.

◆ Den Zitronensaft zur Frucht-Zucker-Masse geben. Alles unter Rühren langsam aufkochen, dann 4 Minuten sprudelnd kochen lassen. In Gläser füllen und verschliessen.

Himbeer-Weichsel-Konfitüre

500 g Himbeeren
500 g Weichseln
1 kg Gelierzucker
Saft von 2 Zitronen

◆ Die Himbeeren sorgfältig verlesen und in einen Topf geben.

◆ Die Weichseln entsteinen, dann grob hacken, dabei den Saft auffangen. Alles zu den Himbeeren geben.

◆ Den Gelierzucker und den Zitronensaft untermischen. Unter Rühren langsam aufkochen, dann 4 Minuten sprudelnd kochen lassen. Die Konfitüre in Gläser füllen und verschliessen.

Himbeerkonfitüre mit Kläräpfeln

250 g Kläräpfel oder eine andere säuerliche, knackige Apfelsorte
Saft von 2 Zitronen
750 g Himbeeren
1 kg Gelierzucker
1 Vanillestängel

♦ Die Äpfel schälen, in Viertel schneiden, das Kerngehäuse entfernen und die Früchte in ganz feine Schnitzchen schneiden. In einen Topf geben und sofort mit dem Zitronensaft mischen.
♦ Die Himbeeren verlesen und zu den Äpfeln geben. Den Gelierzucker beifügen. Den Vanillestängel der Länge nach halbieren und zusammen mit den herausgekratzten Samen beifügen. Alles sorgfältig mischen. Mindestens 1 Stunde Saft ziehen lassen.
♦ Die Früchte langsam aufkochen, dabei nicht rühren, damit die Apfelschnitzchen nicht zu stark zerfallen. Die Konfitüre 4 Minuten sprudelnd kochen lassen. Die Konfitüre in Gläser füllen und verschliessen.

Himbeer-Ananas-Konfitüre

1 kleine Ananas
500 g Himbeeren
1 kg Gelierzucker
100 ml Campari

♦ Die beiden Enden der Ananas abschneiden, die Frucht der Länge nach vierteln, den harten Strunk entfernen und das Fruchtfleisch aus der Schale schneiden. Mit einem Wiegemesser oder im Cutter nicht zu fein hacken. In einen Topf geben.
♦ Die Himbeeren sorgfältig verlesen. Zu den Ananas geben. Den Gelierzucker beifügen und die Fruchtmasse zugedeckt 3 Stunden ziehen lassen.
♦ Alles langsam unter Rühren aufkochen. Den Campari beifügen und die Konfitüre 4 Minuten sprudelnd kochen lassen. In Gläser füllen und verschliessen.

Weitere Rezepte mit Himbeeren

♦ Brombeergelee mit Himbeeren und Äpfeln, Seite 31
♦ Johannisbeerkonfitüre mit Himbeersaft, Seite 50
♦ Mango-Himbeer-Konfitüre, Seite 64
♦ Nektarinen-Himbeer-Konfitüre, Seite 75
♦ Roh gerührte Konfitüre, Seite 90
♦ Vierfruchtkonfitüre, Seite 90
♦ Dreifruchtgelee, Seite 92

Himbeerkonfitüre mit Kläräpfeln

Holunder

Der Schwarze Holunder war bereits bei den Steinzeitmenschen als Zauber- und Heilmittel bekannt. Der Strauch ist in Mitteleuropa heimisch; man findet ihn wild wachsend an Waldrändern und Bachufern sowie kultiviert in Gärten. Verwechslungsmöglichkeit besteht mit dem Zwergholunder, dessen Beeren jedoch einen unangenehmen Geschmack besitzen und giftig sind. Gut verwendbar hingegen sind die Beeren des Roten Holunders. Die kleinen roten Früchte enthalten viele Vitamine und im Gegensatz zum Schwarzen Holunder auch viel Pektin, so dass eine Kombination der beiden Beeren besonders gute Konfitüren- und Geleeresultate ergibt.

Saison: Je nach Lage Mitte August bis Anfang Oktober.

Gelierfähigkeit: Beim Schwarzen Holunder nur sehr schlecht, da die Beeren nur wenig Pektin und Säure enthalten.

Gut zu kombinieren mit Äpfeln, Birnen, Brombeeren, Zwetschgen.

Passende Gewürze: Zimt, Koriander, Kardamom, Nelken, Gin, weisser Rum.

Besonderheiten: Holunderbeeren nie roh geniessen, da sie leicht giftig sind. Gekocht hingegen sind sie bekömmlich und ergeben feine Konfitüren und Gelees. Kurz tiefgekühlt lassen sich die Beeren leichter von den Stielen lösen. Es ist wichtig, dass das Verhältnis Fruchtmasse - Zucker genau eingehalten wird, da Holunder schlecht geliert. Aus diesem Grund unbedingt auch Gelierzucker oder Gelierpulver für die Zubereitung von Gelee und Konfitüre verwenden.

Holunderkonfitüre

Ca. 1¼ kg Holunderbeeren an den Zweigen
Saft von 3 Zitronen
Gelierzucker nach Gewicht der Beeren

◆ Die Holunderbeeren an den Zweigen kalt abspülen, gut abtropfen lassen, dann von Hand oder mit Hilfe einer Gabel von den Dolden lösen. Mit dem Zitronensaft mischen. Die Fruchtmasse abwiegen und in einen Topf geben.

◆ Den Gelierzucker im Verhältnis 1:1 (1 Kilo Zucker auf 1 Kilo Beeren) beifügen. Alles unter Rühren langsam aufkochen, dann 4 Minuten sprudelnd kochen lassen. Die Konfitüre in Gläser füllen und verschliessen.

Holunder-Zwetschgen-Konfitüre

800 g Holunderbeeren an den Zweigen
500 g Zwetschgen
abgeriebene Schale und Saft von 1 Orange
Saft von 2 Zitronen
Gelierzucker nach Gewicht der Fruchtmasse

◆ Die Holunderbeeren an den Zweigen kalt abspülen, gut abtropfen lassen, dann von Hand oder mit Hilfe einer Gabel von den Dolden streifen. Die Beeren in eine Schüssel geben.

◆ Die Zwetschgen waschen, halbieren, entsteinen, dann in feinste Schnitzchen schneiden. Zu den Holunderbeeren geben.

◆ Orangenschale und -saft sowie Zitronensaft beifügen. Die Fruchtmasse abwiegen und in einen Topf geben.

◆ Gelierzucker im Verhältnis 1:1 (1 Kilo Zucker auf 1 Kilo Früchte) beifügen. Alles unter Rühren langsam aufkochen, dann 4 Minuten sprudelnd kochen lassen. Die Konfitüre in Gläser füllen und verschliessen.

Holundergelee

Ca. 1 ¼ kg Holunderbeeren an den Zweigen
Saft von 3 Zitronen
1 kg Gelierzucker

◆ Die Holunderbeeren an den Zweigen kalt abspülen, gut abtropfen lassen, dann von Hand oder mit Hilfe einer Gabel von den Dolden streifen. Die Beeren in einen Topf geben und nur gerade knapp mit Wasser bedecken. Aufkochen und so lange weiterkochen, bis die Beeren aufgeplatzt sind. In ein Geleetuch geben und den Saft ablaufen lassen.

◆ Holundersaft und Zitronensaft mischen, abmessen und wenn nötig mit etwas Apfelsaft oder Rotwein auf ¾ Liter ergänzen.
In einen Topf geben.

◆ Alles unter Rühren langsam aufkochen, dann 4 Minuten sprudelnd kochen lassen. In Gläser füllen und verschliessen.

Johannisbeere

Sowohl die roten wie auch die weissen und schwarzen Johannisbeeren sind bei uns nördlich der Alpen seit Urzeiten beheimatet. Wie gut sie schmecken, haben unsere Vorfahren allerdings erst relativ spät entdeckt: Die roten Johannisbeeren werden erstmals 1450 als Gartenfrucht erwähnt, die schwarzen sogar erst hundert Jahre später. Am beliebtesten sind die roten Johannisbeeren, am seltensten die weissen, die man fast ausschliesslich in Privatgärten antrifft. Lange Zeit Aussenseiter waren die sehr herben schwarzen Johannisbeeren, auch Cassis genannt, bis man ihren gesundheitlichen Wert erkannte: Sie enthalten nämlich ausserordentlich viel Vitamin C, das besonders widerstandsfähig gegen Wärme und Oxidation ist, also auch in Konfitüren und Gelees erhalten bleibt.

Saison: Ende Juni bis Anfang September.

Gelierfähigkeit: Gut, da reichlich Pektin und Säure enthaltend.

Gut zu kombinieren mit Aprikosen, Birnen, Brombeeren, Erdbeeren, Himbeeren, Kirschen, Nektarinen, Pfirsichen.

Passende Gewürze: Vanille, Zimt, roter Portwein, Cassislikör.

Besonderheiten: Johannisbeeren lassen sich ausgezeichnet tiefkühlen. Dazu die Beeren entweder noch an den Rispen oder abgezupft auf einem Tablett ausbreiten, vorgefrieren und anschliessend in Gefrierbeutel verpacken.

Johannisbeerkonfitüre mit Himbeersaft

500 g Himbeeren
750 g rote oder schwarze Johannisbeeren
Zucker nach Gewicht der Fruchtmasse

◆ Die Himbeeren verlesen und in einen Topf geben. Nur gerade knapp mit Wasser bedecken, aufkochen und so lange kochen lassen, bis die Beeren zerfallen. In ein Geleetuch geben und den Saft ablaufen lassen.
◆ Die Johannisbeeren waschen und entstielen. Mit dem Himbeersaft mischen und abwiegen. In einen Topf geben.
◆ Zucker im Verhältnis 1:1 (1 Kilo Zucker auf 1 Kilo Fruchtmasse) beifügen. Alles unter Rühren langsam aufkochen, dann auf lebhaftem Feuer kochen lassen. Nach 10 Minuten erstmals die Gelierprobe machen (siehe Seite 9). Die Konfitüre in Gläser füllen und verschliessen.

Johannisbeergelee

1 kg rote oder schwarze Johannisbeeren, nach Belieben gemischt
¼ l Wasser
Gelierzucker nach Saftmenge

♦ Die Johannisbeeren von den Zweigen zupfen. Mit dem Wasser in einen Topf geben und so lange kochen lassen, bis die Beeren aufplatzen. In ein Geleetuch geben und den Saft ablaufen lassen. Vollständig erkalten lassen.

♦ Den Saft abmessen und in einen Topf geben. Gelierzucker im Verhältnis 1:1 (auf 1 Liter Saft 1 Kilo Zucker) beifügen. Alles unter Rühren langsam aufkochen, dann 4 Minuten sprudelnd kochen lassen. In Gläser füllen und verschliessen.

Tip: Mischt man rote und schwarze Johannisbeeren, erhält der Gelee eine intensivere Farbe und einen ausgeprägteren Beerengeschmack, als wenn er nur mit roten Früchten zubereitet wird. Gelee aus schwarzen Johannisbeeren geliert auch stärker als jener aus roten Beeren.

Kaki

Der ursprünglich aus Zentralchina stammende Kakibaum ist seit gut 125 Jahren auch in vielen Mittelmeerländern heimisch und gedeiht sogar in den milden Weinberglagen nördlich der Alpen. Die apfelgrossen, tomatenähnlichen Früchte schmecken unreif herb und zusammenziehend, bei voller Reife jedoch angenehm süss und aprikosenähnlich, einige Sorten duften auch leicht nach Vanille. Inzwischen sehr beliebt ist eine Neuzüchtung aus Israel, die Sharonfrucht. Sie besitzt weder Kerne noch Gerbsäure und schmeckt bereits, wenn das Fruchtfleisch noch fest ist. Geschmacklich erinnert die Sharon an Quitte, Birne und Aprikose ohne den bitteren Nachgeschmack, wie er bei den Kakis gelegentlich vorkommt.

Saison: Kakis von Oktober bis Dezember aus Italien und Spanien, Sharonfrucht von Mitte November bis Ende Februar aus Israel.

Gelierfähigkeit: Schlecht, da nur wenig Pektin und Säure enthaltend.

Gut zu kombinieren mit Äpfeln, Ananas, Kiwis.

Passende Gewürze: Vanille, Schale und Saft von Orange und Zitrone, weisser Rum, Orangenlikör.

Besonderheiten: Kakis reifen bei Zimmertemperatur rasch und schön nach. Nach Ansicht von Kennern schmecken sie erst dann am besten, wenn ihre Schale Falten zeigt.

Kaki-Orangen-Konfitüre

500 g Orangen
100 ml Wasser
500 g Kakis
Gelierzucker nach Gewicht der Fruchtmasse
Saft von 2 Zitronen

◆ Die Orangen heiss waschen und mit Küchenpapier trocknen. Mitsamt der Schale in dünne Scheiben schneiden, diese entkernen, dann in kleine Stücke schneiden. In einen Topf geben. Das Wasser beifügen und die Orangen zugedeckt unter gelegentlichem Umrühren weich kochen.

◆ Die Kakis häuten, den Stielansatz herausschneiden, die Früchte in Stücke schneiden und die Kerne entfernen. Zusammen mit den gekochten Orangen mitsamt Flüssigkeit mit dem Stabmixer pürieren. Die Fruchtmasse abwiegen und in einen Topf geben.

◆ Gelierzucker im Verhältnis 1:1 (1 Kilo Zucker auf 1 Kilo Fruchtmasse) beifügen. Den Zitronensaft dazugeben. Alles unter Rühren langsam aufkochen, dann 4 Minuten sprudelnd kochen lassen. Die Konfitüre in Gläser füllen und verschliessen.

Kaki-Kiwi-Konfitüre

750 g Kakis
250 g Kiwis
1 kg Gelierzucker
2 Zitronen

♦ Die Kakis häuten und den Stielansatz herausschneiden. Das Fruchtfleisch in ein feinmaschiges Sieb geben und direkt in einen Topf streichen.
♦ Die Kiwis dünn schälen, in Scheiben schneiden und diese vierteln. Zum Kakipüree geben.
♦ Den Gelierzucker beifügen.
♦ Die Schale von 1 Zitrone dünn zur Fruchtmasse reiben. Den Saft beider Zitronen auspressen und beifügen. Alles unter Rühren langsam aufkochen, dann 4 Minuten sprudelnd kochen lassen. Die Konfitüre in Gläser füllen und verschliessen.

Kirsche

Der römische Feldherr Lucullus brachte die ersten Kirschen aus ihrer Heimat am Schwarzen Meer nach Rom. Bereits hundert Jahre später waren sie sowohl in Mittel- wie in Nordeuropa heimisch. Die Produktion von Kirschen ist sehr arbeitsintensiv, was sich auch auf ihren Preis auswirkt. Kirschen sind sehr empfindliche Früchte. Schon ein leichter Regen während der Reifezeit kann sie aufspringen lassen, und dann können sie nur noch zu Kirsch gebrannt werden. Neben den süssen schwarzen und braunrötlichen Früchten, die unter den Sammelbegriff Süsskirschen fallen, gibt es – bei uns etwas weniger häufig – die roten Sauerkirschen, auch Weichseln genannt, auf dem Markt. Sie eignen sich besonders gut für die Konfitürenzubereitung.

Saison: Mitte Juni bis Anfang August.

Gelierfähigkeit: Schwarze und braunrötliche Früchte: schlecht, da nur geringer Pektin- und mittlerer Säuregehalt. Rote Früchte: mittelhoch mit zwar geringem Pektin-, aber hohem Säuregehalt.

Gut zu kombinieren mit Aprikosen, Erdbeeren, Grapefruits, Johannisbeeren, Himbeeren, Stachelbeeren.

Passende Gewürze: Vanille, Zimt, Zitronenschale und -saft, Kirsch.

Besonderheiten: Von den schwarzen Kirschen nicht zu viel Konfitüre auf einmal einmachen, da sie mit zunehmender Lagerdauer an Aroma verliert und dann nur noch süss ist. Besser ist es, aus tiefgekühlten Früchten später wieder frische Konfitüre herzustellen.

Kirschenkonfitüre mit Himbeersaft

500 g Himbeeren
100 g Zucker
50 ml Wasser
750 g Sauer- oder Süsskirschen, nach Belieben auch gemischt
1 kg Gelierzucker
Saft von 2 Zitronen

◆ Die Himbeeren mit dem Zucker und dem Wasser in einen Topf geben und 5 Minuten kochen lassen. In ein Geleetuch geben und den Saft langsam ablaufen lassen. Erkalten lassen.

◆ Die Kirschen waschen, entstielen, entsteinen und die Früchte halbieren. Mit dem Gelierzucker in einen Topf geben, mischen und zugedeckt 3–4 Stunden durchziehen lassen.

◆ Den Himbeer- und den Zitronensaft beifügen. Alles unter Rühren langsam aufkochen, dann 4 Minuten sprudelnd kochen lassen. Sofort in Gläser füllen und verschliessen.

Kirschenkonfitüre mit Vanille

Je 500 g Sauer- und Süsskirschen
2 Vanillestängel
1 kg Gelierzucker
Saft von 1 Zitrone

◆ Die Kirschen waschen, entstielen und entsteinen. Die Hälfte der Früchte mit dem Stabmixer grob pürieren. Mit den restlichen Kirschen in einen Topf geben.
◆ Die Vanillestängel der Länge nach aufschlitzen und zusammen mit den herausgekratzten Samen zu den Kirschen geben. Den Gelierzucker beifügen. Alles gut mischen und zugedeckt 3–4 Stunden durchziehen lassen.
◆ Den Zitronensaft beifügen. Alles unter Rühren langsam aufkochen, dann 4 Minuten sprudelnd kochen lassen. Die Konfitüre in Gläser füllen und verschliessen.

Kirschen-Stachelbeer-Konfitüre

750 g Süsskirschen
250 g Stachelbeeren
1 kg Gelierzucker
Saft von 2 Zitronen

◆ Die Kirschen waschen, entstielen und entsteinen. Die Stachelbeeren waschen, Blütenansatz und Stiel entfernen. Die Früchte in einen Topf geben und mit dem Stabmixer gut zerkleinern.
◆ Den Gelierzucker und den Zitronensaft beifügen. Alles langsam unter Rühren aufkochen, dann 4 Minuten sprudelnd kochen lassen. In Gläser füllen und verschliessen.

Weichsel-Johannisbeer-Konfitüre

500 g Sauerkirschen (Weichseln)
350 g Johannisbeeren
100 ml Wasser
600 g Zucker

◆ Die Sauerkirschen waschen, entstielen, entsteinen und grob zerkleinern. In einen Topf geben.
◆ Die Johannisbeeren waschen und von den Zweigen zupfen. Zu den Kirschen geben.
◆ Das Wasser beifügen. Alles aufkochen und zugedeckt auf kleinem Feuer etwa 20 Minuten kochen lassen.
◆ Nun den Zucker beifügen. Auf mittlerem Feuer lebhaft kochen lassen. Nach 10 Minuten die erste Gelierprobe machen (siehe Seite 9). Die Konfitüre in Gläser füllen und verschliessen.

Kiwi

Kiwis sind die Beerenfrüchte einer in China beheimateten Pflanze, Yang Tao genannt, deren meterlange Ranken wie Weinreben an Pfählen und Pergolen gezogen werden. Vor gut achtzig Jahren kam sie nach Neuseeland, wo man die Qualitäten der eigrossen Fruchte rasch erkannte. Die Neuseeländer tauften sie um und benannten sie nach dem Wahrzeichen ihrer Insel, einem kleinen Straussenvogel namens Kiwi. Obwohl inzwischen alle Länder mit Mittelmeerklima Kiwis anbauen, ist Neuseeland immer noch der grösste Kiwiproduzent und -exporteur. Die Pflanze ist auch bei uns anzutreffen, meist aber nur als Zierstrauch und weniger zur Fruchtgewinnung. Zum erfolgreichen Kultivieren benötigt man auf sechs bis acht weibliche eine männliche Pflanze als Pollenspender.

Saison: Ganzjährig.

Gelierfähigkeit: Schlecht, da nur wenig Pektin und Säure vorhanden; deshalb immer etwas Zitronensaft oder Zitronensäure (Ascorbin) beifügen.

Gut zu kombinieren mit Ananas, Bananen, Erdbeeren, Grapefruits, Himbeeren, Limonen, Mangos, Orangen, Zitronen.

Passende Gewürze: Vanille, Saft und Schale von Orange und Zitrone, weisser Rum.

Besonderheiten: Am besten schmecken Kiwis dann, wenn ihre pelzige Schale auf leichten Fingerdruck nachgibt. Harte, also unreife Früchte besitzen ein fades, grasiges Aroma. Man kann jedoch problemlos unreife Kiwis kaufen, denn bei Zimmertemperatur reifen sie optimal nach. Sobald sie die richtige Reife haben, lagert man sie im Gemüsefach des Kühlschranks; dort halten sie sich noch zwei bis drei Wochen frisch.

Kiwi-Bananen-Konfitüre

4 Kiwis
2 Bananen
Saft von 2 Zitronen
500 g Gelierzucker

♦ Die Kiwis schalen und den harten Stielansatz entfernen. Die Früchte in Scheiben schneiden. Die Bananen schälen und in Rädchen schneiden.

♦ Kiwis und Bananen in einen Topf geben. Den Zitronensaft beifügen und alles mit dem Stabmixer grob pürieren; es sollen noch einige Stückchen vorhanden sein.

♦ Den Gelierzucker beifügen. Alles unter Rühren langsam aufkochen, dann 4 Minuten sprudelnd kochen lassen. Die Konfitüre in Gläser füllen und verschliessen.

KIWI-GRAPEFRUIT

Kiwi-Grapefruit-Konfitüre

750 g Kiwis
2 weisse Grapefruits
Saft von 1 Zitrone
1 kg Gelierzucker

◆ Die Kiwis schälen und den harten Stielansatz entfernen. Die Früchte in Scheibchen schneiden. Die Hälfte davon mit einer Gabel zerdrücken. Alles in einen Topf geben.

◆ Die Grapefruits mit einem scharfen Messer mitsamt der weissen Haut schälen. Die Schnitze aus den Trennhäuten schneiden; dabei über dem Topf arbeiten, um den austretenden Saft aufzufangen. Den in den Fruchthäuten verbliebenen Saft ausdrücken und beifügen. Die Grapefruitschnitze in kleine Stücke schneiden. Zu den Kiwis geben.

◆ Den Zitronensaft und den Gelierzucker untermischen. Alles unter Rühren langsam aufkochen, dann 4 Minuten sprudelnd kochen lassen. Die Konfitüre sofort in Gläser füllen und verschliessen.

Kiwi-Ananas-Konfitüre

5 Kiwis
1 kleine Ananas
Gelierzucker nach Gewicht der Fruchtmasse
Saft von 2 Zitronen

◆ Die Kiwis schälen und den harten Stielansatz entfernen. Die Früchte in kleine Würfelchen schneiden.

◆ Die beiden Enden der Ananas abschneiden, die Frucht der Länge nach vierteln, den harten Strunk herausschneiden und das Fruchtfleisch aus der Schale schneiden. Mit einem Wiegemesser oder im Cutter grob hacken.

◆ Kiwis und Ananas wiegen und in einen Topf geben. Die gleiche Menge Gelierzucker (Verhältnis 1:1) abwiegen und beifügen.

◆ Den Zitronensaft dazugeben. Alles unter Rühren langsam aufkochen, dann 4 Minuten sprudelnd kochen lassen. Die Konfitüre in Gläser füllen und verschliessen.

Weitere Rezepte mit Kiwi

◆ Kaki-Kiwi-Konfitüre, Seite 53

Kiwi-Grapefruit-Konfitüre

Kürbis

Ursprünglich stammen die bei uns angepflanzten Kürbisarten aus Mexiko und Brasilien, von wo sie von den Spaniern nach Europa gebracht wurden. Daraus wurden inzwischen die vielfältigsten Variationen gezüchtet, gelbe, orangefarbene, grüne, gesprenkelte, gefleckte, runde, plattgedrückte oder walzenförmige Kürbisse. Dazu kommen noch ungeniessbare, aber hübsch anzusehende Zierkürbisse mit zum Teil seltsamsten Formen. Die Kürbisse halten auch den Gewichtsrekord im Pflanzenreich: Sie bringen über 100 Kilo schwere Exemplare hervor. Für Konfitüre werden vor allem Kürbisse mit tiefgelbem bis orangem Fruchtfleisch verwendet.

Saison: September bis Ende Dezember, einige kleinere Sorten sogar bis März.

Gelierfähigkeit: Schlecht, da nur wenig Pektin und Säure enthaltend. Aus diesem Grund, aber auch um den eher süssen Geschmack zu heben, immer etwas Zitronensaft beifügen.

Gut zu kombinieren mit Äpfeln, Nektarinen, Pfirsichen, Orangen.

Passende Gewürze: Vanille, Zimt, Ingwer, Nelken, Basilikum, Saft und Schale von Orange und Zitrone.

Besonderheiten: Beim Einkaufen daran denken, dass man beim Kürbis mit rund 30 Prozent Abfall rechnen muss: Die Schale, das weiche, schwammige oder faserige Innere und die Kerne werden entfernt, verwendet wird nur das feste, knackige und saftige Fruchtfleisch. Man muss übrigens nicht gleich einen ganzen Riesenkürbis kaufen; der Händler schneidet in der Regel ein Stück in der gewünschten Grösse ab.

Kürbis-Ananas-Konfitüre

Ca. 750 g Kürbis
1 kleinere Ananas
Gelierzucker nach Gewicht der Fruchtmasse
2 Zitronen

◆ Den Kürbis schälen, weiches, faseriges Fruchtfleisch und die Kerne entfernen. Das Fruchtfleisch an einer groben Raffel reiben oder grob hacken.

◆ Beide Enden der Ananas abschneiden, die Frucht der Länge nach vierteln, den harten Strunk herausschneiden und das Fruchtfleisch aus der Schale schneiden.

◆ Das Fruchtfleisch von Kürbis und Ananas wiegen. In einen Topf geben. Die gleiche Menge Gelierzucker (Verhältnis 1:1) beifügen. Die Schale von 1 Zitrone dünn dazureiben. Den Saft beider Zitronen auspressen und beifügen.

◆ Alles unter Rühren langsam aufkochen, dann 4 Minuten sprudelnd kochen lassen. Die Konfitüre in Gläser füllen und verschliessen.

Kürbis-Orangen-Konfitüre

750 g Kürbis
750 g Orangen
Gelierzucker nach Gewicht der Fruchtmasse
Saft von 1 Zitrone

◆ Den Kürbis schälen, weiches, faseriges Fruchtfleisch und die Kerne entfernen. Das Fruchtfleisch an einer groben Raffel reiben oder grob hacken. In eine Schüssel geben (zuvor die leere Schüssel wiegen).
◆ 2 Orangen unter heissem Wasser waschen und mit Küchenpapier trocknen. Die Schale dünn abreiben. Alle Orangen mit einem scharfen Messer mitsamt der weissen Haut schälen. Dann über der Schüssel mit dem Kürbisfleisch die Schnitze aus den Trennhäuten schneiden. Die Orangenfilets in kleine Stücke schneiden und zum Kürbis geben. Den in den Trennhäuten verbliebenen Saft ausdrücken und ebenfalls beifügen. Alles zusammen wiegen und das Gewicht der Schüssel abrechnen. Die gleiche Menge Gelierzucker (Verhältnis 1:1) beifügen. In einen Topf geben.
◆ Den Zitronensaft beifügen. Alles unter Rühren langsam aufkochen, dann 4 Minuten sprudelnd kochen lassen. Die Konfitüre in Gläser füllen und verschliessen.

Mango

Die Steinfrüchte des Mangobaumes sind in Indien schon seit rund 4000 Jahren bekannt und dort so beliebt wie bei uns der Apfel. Arabische Seeleute brachten die Mango nach Afrika, und später waren es portugiesische Kolonialisten, die sie nach Brasilien mitnahmen. In die westliche Hemisphäre gelangte die Mango erst um 1700. Seit Ende des 19. Jahrhunderts wird sie auch in grossem Stil in Amerika angebaut. Es gibt über 1000 Mangosorten, von denen aber nur wenige kommerziell genutzt werden. Die kleinsten Sorten sind so gross wie Pflaumen, die grössten wie Melonen. Das aprikosenfarbige Fruchtfleisch ist fest mit dem abgeflachten Stein verwachsen.

Saison: Ganzjährig Importe aus Südamerika, USA, Indien und Israel.

Gelierfähigkeit: Schlecht, da nur wenig Pektin und Säure vorhanden.

Gut zu kombinieren mit Brombeeren, Himbeeren, Johannisbeeren, Nektarinen, Pfirsichen sowie allen exotischen Früchten.

Passende Gewürze: Vanille, Zimt, Ingwer, Saft und Schale von Limone, Zitrone und Orange, weisser Rum.

Besonderheiten: Die Farbe der Schale von Mangos sagt nichts über ihren Reifegrad aus, denn je nach Sorte kann sie von grün über gelb und orange bis zu rot sein. Erst wenn die Frucht sehr intensiv riecht und die Schale auf Fingerdruck nachgibt, ist sie reif. Man kann Mangos jedoch bei Zimmertemperatur nachreifen lassen. Das eher faserige Fruchtfleisch lässt sich nicht einfach vom Stein ablösen, sondern muss in Schnitzen abgeschnitten werden.

Mango-Apfel-Konfitüre

2 grosse, reife, aber nicht zu weiche Mangos
1 kg säuerliche Äpfel
Saft von 3 Zitronen
1,25 kg Gelierzucker
1 Vanillestängel

◆ Die Mangos schälen, das Fruchtfleisch vom Stein schneiden und klein würfeln.
◆ Die Äpfel schälen, vierteln, das Kerngehäuse entfernen, dann die Früchte ebenfalls klein würfeln. In einen Topf geben und sofort mit dem Zitronensaft mischen.
◆ Die Mangos und den Gelierzucker beifügen. Den Vanillestängel der Länge nach aufschlitzen und zusammen mit den herausgekratzten Samen beifügen. Alles mischen und etwa 1 Stunde ziehen lassen.
◆ Die Konfitüre unter Rühren langsam aufkochen, dann 4 Minuten sprudelnd kochen lassen. In Gläser füllen und verschliessen.

Rosa Grapefruitgelee (links), Rezept Seite 39; Zitrusfrüchtegelee (Mitte), Rezept Seite 92
Mango-Apfel-Konfitüre mit Vanille (rechts)

Mango-Himbeer-Konfitüre

2 grosse, reife, aber nicht zu weiche Mangos
400 g Himbeeren
1 kg Gelierzucker
Saft von 2 Zitronen

♦ Die Mangos schälen und das Fruchtfleisch vom Stein schneiden. Klein würfeln oder grob hacken. In einen Topf geben.
♦ Die Himbeeren verlesen und zu den Mangos geben. Den Gelierzucker und den Zitronensaft beifügen, alles gut mischen und die Früchte zugedeckt 1 Stunde ziehen lassen.
♦ Die Konfitüre unter Rühren langsam aufkochen, dann 4 Minuten sprudelnd kochen lassen. In Gläser füllen und verschliessen.

Weitere Rezepte mit Mango

♦ Pfirsich-Mango-Konfitüre, Seite 74
♦ Exotenkonfitüre, Seite 91

Melone

Schon die Griechen und Römer bauten das in vielen Varianten spriessende Kürbisgewächs an. Heute ist die Vielfalt der Melonensorten verwirrend, kommen doch ständig Neuzüchtungen hinzu. Wassermelonen sind, wie ihr Name sagt, ausgesprochen wasserhaltig, und ihr rotes Fruchtfleisch mit den vielen Kernen ist ein idealer Durstlöscher, für die Konfitürenzubereitung hingegen ist es weniger geeignet. Alle anderen Melonen gehören zu der Gruppe der Zuckermelonen: Häufig angeboten werden die leuchtend gelben Honigmelonen mit sehr süssem, weissgrünlichem Fruchtfleisch. Die Netzmelonen haben ihren Namen von den weissen Äderchen, die die Schale überziehen. Ihr Fruchtfleisch ist aprikosenfarbig und würzig. Die Kantalupmelone ist fast rund, hat eine gerippte Schale und gelb-orangefarbiges, süsses, stark duftendes Fruchtfleisch. Ihr feinster Vertreter ist die französische Charentais-Melone, nach dem wichtigsten Marktort auch Cavaillon-Melone genannt. Ogen- und Galiamelonen besitzen grünes, schmelzend-süsses Fruchtfleisch.

Saison: Hauptsaison sind die Sommermonate Juni bis September, wenn die Früchte in den Mittelmeerländern reifen.

Gelierfähigkeit: Schlecht, da nur wenig Pektin und Säure vorhanden; deshalb immer etwas Zitronensaft oder Zitronensäure (Ascorbin) beifügen.

Gut zu kombinieren mit Brombeeren, Himbeeren, roten Johannisbeeren, Nektarinen, Pfirsichen.

Passende Gewürze: Vanille, Ingwer, abgeriebene Schale und Saft von Zitrone und Orange, Portwein, Sherry, Curaçao.

Besonderheiten: Reife Melonen erkennt man daran, dass sie einen intensiven Duft verströmen und auf Druck am Blütenansatz leicht nachgeben. Unreife Melonen lagert man am besten bei Zimmertemperatur, bis sie den gewünschten Reifegrad erreicht haben. Dann kann man sie noch einige Tage im Kühlschrank aufbewahren.

Französische Melonenkonfitüre

2 reife Cavaillon- oder Charentais-Melonen
25 g in Zuckersirup eingelegter Ingwer
Saft von 2 Zitronen
Gelierzucker nach Gewicht der Fruchtmasse

- Die Melonen halbieren und das schwammige Fruchtfleisch mit den Kernen auslösen. Die Hälften in grosse Schnitze teilen, das Fruchtfleisch von der Schale schneiden und grob hacken. Mitsamt dem Saft in eine Schüssel geben (diese vorher wiegen).
- Den Ingwer sehr fein hacken. Mit dem Zitronensaft zu den Melonen geben. Die Fruchtmasse wiegen, dabei das Gewicht der Schüssel abrechnen. Die gleiche Menge Gelierzucker (Verhältnis 1:1) beifügen und alles zugedeckt 4–6 Stunden ziehen lassen.
- Die Konfitüre unter Rühren langsam aufkochen, dann 4 Minuten sprudelnd kochen lassen. In Gläser füllen und verschliessen.

Melonen-Nektarinen-Konfitüre

1 grosse, reife Melone
750 g Nektarinen
2 Zitronen
Gelierzucker nach Gewicht der Fruchtmasse

♦ Die Melone halbieren und das schwammige Fruchtfleisch mit den Kernen auslösen. Die Hälften in grosse Schnitze teilen, das Fruchtfleisch von der Schale schneiden und grob hacken. Mitsamt dem Saft in eine Schüssel geben (diese vorher wiegen).
♦ Die Nektarinen kurz in kochendes Wasser geben, abschütten, unter kaltem Wasser abschrecken und schälen. Die Früchte halbieren, den Stein auslösen, dann das Fruchtfleisch grob hacken. Mitsamt dem Saft zu den Melonen geben.
♦ Die Schale von 1 Zitrone dünn zu den Früchten reiben. Den Saft beider Zitronen auspressen und beifügen. Die Fruchtmasse wiegen und dabei das Gewicht der Schüssel abrechnen. In einen Topf geben und die gleiche Menge Gelierzucker (Verhältnis 1:1) beifügen.
♦ Alles unter Rühren langsam aufkochen, dann 4 Minuten sprudelnd kochen lassen. Die Konfitüre in Gläser füllen und verschliessen.

Mirabelle, Reineclaude, Pflaume

Alle diese typischen Sommerfrüchte gehören zur grossen Pflanzenfamilie der Rosengewächse und sind botanisch eng verwandt mit den Zwetschgen. Die Pflaume stammt vermutlich aus Vorderasien und ist wahrscheinlich eine Kreuzung aus Schlehdorn und Kirschpflaume. Weltweit werden die Pflaumen heute in fast allen Ländern der subtropischen Klimazone angebaut; in Europa gedeihen sie sogar bis weit hinauf in den hohen Norden. Pflaumen sind kugel- bis eiförmige, saftige Steinfrüchte, die nach Farbe und Form unterschieden werden: gelblichgrün oder rötlichblau die Pflaume; klein, rund, hellgelb oder hellgrün die Mirabelle; gross und kugelförmig, grün oder gelb die Reineclaude.

Saison: August bis September.

Gelierfähigkeit: Mittelhoch bis gut, je nach Sorte bzw. Säuregehalt der Früchte.

Gut zu kombinieren: Mit Ausnahme von säuerlichen Äpfeln sollte man Mirabellen, Reineclauden und Pflaumen nicht mit anderen Früchten mischen, da sie sonst ihr sortentypisches Aroma verlieren.

Passende Gewürze: Zimt, Nelken, Zitronenschale, Pflaumen- und Zwetschgenschnaps.

Besonderheiten: Vor allem Mirabellen und Reineclauden sind äusserst druckempfindliche Früchte, die rasch verderben. Während sich bei der Mirabelle das Fruchtfleisch gut vom Stein löst, sitzt es bei Reineclauden und Pflaumen oft ziemlich fest am Kern. Späte Pflaumensorten haben manchmal eine ziemlich dicke Haut. Dann empfiehlt es sich, sie für die Konfitürenzubereitung zu schälen. Dazu die Früchte kurz in kochendes Wasser tauchen, kalt abschrecken und die Haut abziehen.

Mirabellen- oder Reineclaudenkonfitüre

1 kg Mirabellen oder Reineclauden
Saft von 3 Zitronen
1 kg Gelierzucker

◆ Die Mirabellen oder Reineclauden waschen, auf einem Küchentuch trocknen, dann entsteinen und mit dem Stabmixer oder Wiegemesser grob hacken. In einen Topf geben und sofort mit dem Zitronensaft mischen. Den Gelierzucker beifügen und alles zugedeckt etwa 1 Stunde ziehen lassen.
◆ Die Konfitüre unter Rühren langsam aufkochen, dann 4 Minuten sprudelnd kochen lassen. In Gläser füllen und verschliessen.

Mirabellen-Apfel-Konfitüre

750 g Mirabellen
Saft von 2 Zitronen
400 g säuerliche Äpfel
800 g Gelierzucker

◆ Die Mirabellen waschen und auf einem Küchentuch trocknen. Die Früchte entsteinen und klein schneiden. In einen Topf geben und sofort mit dem Zitronensaft mischen, damit sie sich nicht verfärben.
◆ Die Äpfel schälen, vierteln, das Kerngehäuse entfernen und die Früchte an einer groben Raffel zu den Mirabellen reiben.
◆ Den Gelierzucker beifügen. Alles unter Rühren langsam aufkochen, dann 4 Minuten sprudelnd kochen lassen. Die Konfitüre in Gläser füllen und verschliessen.

Mirabellen-Pflaumen-Konfitüre

750 g Mirabellen
750 g Pflaumen
Saft von 3 Zitronen
1 kg Zucker

◆ Die Mirabellen und Pflaumen waschen, auf einem Küchentuch trocknen, dann entsteinen und in kleine Stücke schneiden. In einen Topf geben.

◆ Den Zitronensaft und den Zucker beifügen. Alles unter Rühren aufkochen, dann auf mittlerem Feuer lebhaft kochen lassen. Nach 15 Minuten erstmal die Gelierprobe machen (siehe Seite 9). Die Konfitüre in Gläser füllen und verschliessen.

Rote Pflaumenmarmelade

750 g rote Eierpflaumen
100 ml Wasser
1 Zimtstange
500 g Gelierzucker

◆ Die Pflaumen waschen und auf einem Küchentuch trocknen. Die Früchte halbieren und entsteinen. In einen Topf geben. Das Wasser und die Zimtstange beifügen. Alles zugedeckt unter gelegentlichem Rühren 10 Minuten kochen lassen. Die Zimtstange entfernen. Die Früchte mitsamt der Flüssigkeit mit dem Stabmixer pürieren oder durch ein Passiergerät (Passevite) treiben.

◆ Den Gelierzucker beifügen. Alles unter Rühren langsam aufkochen, dann 4 Minuten sprudelnd kochen lassen. In Gläser füllen und verschliessen.

Roter Pflaumengelee

2 kg rote Pflaumen
400 ml Wasser
Gelierzucker nach Saftmenge
Saft von 2 Zitronen
1 Zimtstange

◆ Die Pflaumen waschen, entsteinen und in Stücke schneiden. Mit dem Wasser in einen Topf geben und so lange auf kleinem Feuer kochen lassen, bis die Früchte vollständig zerfallen (ca. 20 Minuten). In ein Geleetuch geben und den Saft langsam ablaufen lassen.

◆ Den Saft abmessen. Auf 600 ml Saft 1 Kilo Gelierzucker abwiegen (Verhältnis Saft/Zucker 3:5) und beides in einen Topf geben. Den Zitronensaft und die Zimtstange beifügen.

◆ Alles unter Rühren langsam aufkochen und 4 Minuten sprudelnd kochen lassen. Die Zimtstange entfernen. Den Gelee in Gläser füllen und verschliessen.

Orange

Ein französischer Herzog machte vor gut 400 Jahren die ersten Züchtungsversuche mit dem China-Apfel, wie die Orange früher aufgrund ihrer Herkunft hiess. Wenig später gehörten Orangenbäumchen in jedes Gewächshaus. Doch dies nicht etwa, weil man Orangen gerne ass – sie waren damals klein und sauer –, sondern weil sie so dekorativ aussahen. Erst weitere 200 Jahre später war es so weit, dass aus dem Ziergewächs eine Frucht wurde, die auch gut schmeckte. Inzwischen gibt es die Orange in rund 400 Sorten, von denen aber nur etwa 30 eine wirtschaftliche Bedeutung haben. Je nach Herkunftsland oder Züchtung können sie geschmacklich beträchtlich voneinander abweichen. Gepflückte Orangen reifen nicht mehr nach. Deshalb achten in sämtlichen Anbauländern staatliche Aufsichtsstellen darauf, dass die Früchte nur dann zum Export freigegeben werden, wenn das Zucker-Säure-Verhältnis stimmt. Übrigens: Die Schalenfarbe sagt nichts über die Reife aus. Erst nächtliche Kühle um 0 °C färbt die Früchte orange. Eine Spezialität sind Bitterorangen, die zur Herstellung von bitterer Orangenmarmelade, Orangeat, Likör und Bittergetränken verwendet werden.

Saison: Ganzjährig; Bitterorangen vereinzelt von November bis Februar.

Gelierfähigkeit: Gut, da viel Pektin und Säure vorhanden.

Gut zu kombinieren mit Äpfeln, Erdbeeren, Hagebutten, Nektarinen, Pfirsichen, Preiselbeeren, Rhabarber sowie allen exotischen Früchten.

Passende Gewürze: Zimt, Nelken, Ingwer, Orangenlikör.

Besonderheiten: Orangen können mit oder ohne Schale, grob geschnitten oder fein zerkleinert und nach Belieben gemischt mit anderen Zitrusfrüchten zu Konfitüre oder Marmelade verarbeitet werden. Oft wird für Orangenkonfitüre der Begriff Marmelade verwendet. Darunter fielen früher alle Konfitüren aus stark zerkleinerten oder pürierten Früchten; heute darf die Bezeichnung laut EU-Norm nur noch für Zubereitungen mit Zitrusfrüchten verwendet werden.

Süsse Orangenmarmelade

1 kg Blondorangen
Saft von 2 Zitronen
1 kg Gelierzucker

♦ Die Orangen heiss waschen, dann mit einem Küchentuch trocknen. Die Schale der Früchte abreiben und beiseite stellen. Dann die Orangen schälen und die Schnitze auslösen. Diese klein schneiden, dann mit dem Stabmixer oder im Mixer eher grob pürieren. Mit der abgeriebenen Schale in einen Topf geben.

♦ Den Zitronensaft und den Gelierzucker beifügen. Alles unter Rühren langsam aufkochen, dann sprudelnd 4 Minuten kochen lassen. Die Marmelade in Gläser füllen und verschliessen.

Englische Bitterorangen-marmelade

800 g Orangen
1 l Wasser
1 kg Zucker

♦ Die Orangen heiss waschen und mit einem Küchentuch trocknen. Mitsamt der Schale in kleine Stücke schneiden, dabei sämtliche Kerne entfernen. Die Fruchtmasse im Mixer oder mit dem Stabmixer hacken. In eine Schüssel geben. Das Wasser beifügen. Die Orangen zugedeckt 24 Stunden stehen lassen.
♦ Die Masse in einen Topf geben und offen etwa 30 Minuten leise kochen lassen.
♦ Den Zucker beifügen und alles unter häufigem Umrühren lebhaft weitere 30 Minuten kochen lassen. Dann erstmals die Gelierprobe machen (siehe Seite 9). Die Marmelade in Gläser füllen und verschliessen.

Julies Bitterorangenkonfitüre

3 Bitterorangen
3 Zitronen
1 Grapefruit
Zucker nach Menge der Früchte

♦ Die Früchte heiss waschen und mit einem Küchentuch trocknen. In möglichst feine Scheiben schneiden; am besten geht dies mit einem guten Gemüsehobel. Die Menge der Früchte mit einer grossen Tasse oder einer kleinen Schüssel abmessen (nicht wiegen!) und zusammen mit dreimal so viel Wasser (mit demselben Gefäss abgemessen) zugedeckt 24 Stunden stehen lassen.
♦ Die Früchte mitsamt der Flüssigkeit in einen grossen Topf geben und 10 Minuten kochen lassen. Wieder über Nacht stehen lassen.
♦ Das Ganze erneut aufkochen, dann 1½ Stunden leise kochen lassen.
♦ Die Menge der Masse mit Hilfe der Tasse oder Schüssel abmessen. In den Topf zurückgeben. Die gleiche Menge Zucker (Verhältnis 1:1) beifügen und die Konfitüre nochmals etwa 1 Stunde kochen lassen. Die Gelierprobe machen (siehe Seite 9). Die Konfitüre in Gläser füllen und verschliessen.

Blutorangengelee, Rezept Seite 72

Orangen-Passionsfrucht-Gelee

500 g Passionsfrüchte
1 Zitrone
3–4 Orangen
750 g Gelierzucker

♦ Die Passionsfrüchte halbieren und das Fruchtfleisch mit einem Löffel auslösen. In ein Sieb geben und direkt in einen Messbecher passieren. Den Saft der Zitrone auspressen und beifügen. Die Orangen ebenfalls auspressen und dem Passionsfruchtmark so viel Orangensaft beifügen, dass die Flüssigkeitsmenge ½ Liter beträgt.
♦ Den Fruchtsaft mit dem Gelierzucker in einen Topf geben und unter Rühren aufkochen, dann sprudelnd 4 Minuten kochen lassen. Den Gelee in Gläser füllen und verschliessen.

Blutorangengelee

8 Blutorangen
Saft von 3 Zitronen
Gelierzucker nach Fruchtsaftmenge

♦ Die Schale von 3 Orangen mit dem Sparschäler oder Zestenmesser so dünn wie möglich ablösen (nur den orangen Schalenteil!) und in feinste Streifchen schneiden.
♦ Alle Orangen auspressen. Zusammen mit dem Zitronensaft abmessen und in einen Topf geben. Gelierzucker im Verhältnis 4:3 (4 Teile Zucker auf 3 Teile Saft) beifügen.
♦ Alles unter Rühren langsam aufkochen, dann sprudelnd 4 Minuten kochen lassen. Während der letzten Minute Kochzeit die Orangenschalen beifügen. Vom Herd nehmen und 1 Minute weiterrühren, bis der Schaum zerfallen ist. Den Gelee sofort in Gläser füllen und verschliessen.

Weitere Rezepte mit Orangen

♦ Ananas-Orangen-Konfitüre, Seite 16
♦ Dörraprikosenkonfitüre mit Orangen, Seite 24
♦ Erdbeer-Orangen-Konfitüre, Seite 34
♦ Feigenkonfitüre mit Orangensaft, Seite 36
♦ Grapefruit-Orangen-Konfitüre mit Karamelzucker, Seite 39
♦ Hagebutten-Orangen-Konfitüre, Seite 41
♦ Heidelbeer-Orangen-Konfitüre, Seite 44
♦ Kaki-Orangen-Konfitüre, Seite 52
♦ Kürbis-Orangen-Konfitüre, Seite 61
♦ Pfirsich-Orangen-Konfitüre, Seite 74
♦ Rhabarberkonfitüre mit Orangen- und Zitronensaft, Seite 81
♦ Zitrusfrüchtegelee, Seite 92

Pfirsich, Nektarine

Ursprünglich stammt der Pfirsich aus Zentralchina, wo er bereits im 3. Jahrtausend v. Chr. kultiviert wurde. Heute findet man ihn in ganz Mitteleuropa. Er gedeiht auch bei uns an sonnigen Lagen. Allerdings wird er nicht in grossem Stil angebaut, da es durch Frost in der Blütezeit immer wieder zu Ernteausfällen kommt; man findet ihn daher hauptsächlich in Privatgärten. Unter den vielen hundert Pfirsichsorten unterscheidet man vor allem zwischen weissen und gelben Pfirsichen. Die weissfleischigen Früchte gelten bei Kennern als die aromatischeren Sorten; sie sind jedoch sehr druckempfindlich, was dazu geführt hat, dass man sie heute eher selten auf dem Markt findet.

Eng verwandt mit dem Pfirsich ist die Nektarine, über deren Entstehung es widersprüchliche Theorien gibt. Die einen sagen, sie sei eine Mutation des Pfirsichs, nach anderen Versionen ist sie als Bastard aus Kreuzungen von Mandel und Pfirsich oder Pfirsich und Pflaume entstanden. Vom Pfirsich unterscheidet sich die Nektarine durch ihre glatte, nicht flaumbedeckte Haut und festeres Fruchtfleisch, das oft angenehm säuerlich schmeckt. Die Nektarine hat in den letzten Jahren gegenüber dem Pfirsich an Beliebtheit stark aufgeholt; inzwischen sind sogar weissfleischige Sorten erhältlich.

Saison: Ende Mai bis September.

Gelierfähigkeit: Schlecht, da nur wenig Pektin und Säure vorhanden. Deshalb unbedingt etwas Zitronensaft oder Zitronensäure (Ascorbin) beifügen.

Gut zu kombinieren mit Aprikosen, Bananen, Brombeeren, Himbeeren, Johannisbeeren, Kürbis, Mangos, Melonen, Stachelbeeren, Weichseln (Sauerkirschen).

Passende Gewürze: Vanille, Zitronenmelisse, Pfirsichlikör.

Besonderheiten: Alle Rezepte mit Pfirsichen können auch mit Nektarinen und umgekehrt zubereitet werden. Die Früchte müssen vor der Verarbeitung zu Konfitüre immer geschält werden. Dazu die Pfirsiche oder Nektarinen je nach Reifegrad ½ bis 1 Minute in kochendes Wasser tauchen, kalt abschrecken, dann die Haut abziehen. Nicht immer sitzt der Pfirsichstein so locker, dass er sich von Hand lösen lässt; in diesem Fall schneidet man das Fruchtfleisch schnitzweise vom Stein. Generell gilt: Bei frühen Sorten löst sich das Fleisch meist schwer vom Stein. Im Innern der Pfirsichsteine sitzt ein mandelähnlicher Kern – Pfirsiche sind eng verwandt mit den Mandeln –, der das gleiche Gift wie Bittermandeln enthält. Deshalb sollten vor allem Kinder keine Pfirsichkerne essen.

Grossmamas Pfirsichkonfitüre

1 kg Pfirsiche
Saft von 5 Zitronen
1 kg Zucker

◆ Die Pfirsiche kurz in kochendes Wasser tauchen, kalt abschrecken, schälen, halbieren, entsteinen, dann in kleine Würfelchen schneiden. In einen Topf geben.
◆ Den Zitronensaft und den Zucker beifügen. Alles unter häufigem Rühren auf lebhaftem Feuer etwa 40 Minuten kochen lassen, dann erstmals die Gelierprobe machen (siehe Seite 9). Die Konfitüre in Gläser füllen und verschliessen.

Pfirsich-Orangen-Konfitüre

1 kg Pfirsiche
3 Orangen
1 kg Gelierzucker

◆ Die Pfirsiche kurz in kochendes Wasser tauchen, kalt abschrecken, schälen, halbieren, entsteinen und grob schneiden. Dann mit dem Stabmixer oder einem Wiegemesser grob hacken. In einen Topf geben.
◆ Die Orangen heiss waschen und mit einem Küchentuch trocknen. Die Schale dünn (ohne das bittere Weisse!) zu den Pfirsichen reiben. Die Früchte auspressen und den Saft beifügen.
◆ Den Gelierzucker dazugeben. Alles unter Rühren langsam aufkochen, dann sprudelnd 4 Minuten kochen lassen. Die Konfitüre in Gläser füllen und verschliessen.

Pfirsich-Mango-Konfitüre

500 g Pfirsiche
500 g Mangos
200 ml Limonensaft (Saft von 3–4 Früchten)
20 g in Zuckersirup eingelegter Ingwer
1 kg Gelierzucker

◆ Die Pfirsiche kurz in kochendes Wasser tauchen, kalt abschrecken, schälen, halbieren und entsteinen. Die Hälfte der Früchte klein würfeln, den Rest in grobe Stücke schneiden.
◆ Die Mangos schälen und das Fruchtfleisch vom Stein schneiden. Ebenfalls die Hälfte der Früchte klein würfeln und den Rest grob schneiden.
◆ Die Pfirsich- und Mangowürfelchen in einen Topf geben. Die grob geschnittenen Früchte im Mixer oder mit dem Stabmixer pürieren und beifügen. Den Limonensaft dazugeben.
◆ Den Ingwer möglichst fein hacken. Mit dem Gelierzucker zu den Früchten geben. Alles unter Rühren langsam aufkochen, dann sprudelnd 4 Minuten kochen lassen. Die Konfitüre in Gläser füllen und verschliessen.

Nektarinen-Himbeer-Konfitüre

500 g Nektarinen
100 ml Weisswein
500 g Himbeeren
Saft von 2 Zitronen
750 g Gelierzucker

- Die Nektarinen kurz in kochendes Wasser tauchen, kalt abschrecken, schälen, halbieren, entsteinen und klein würfeln.
- Nektarinen und Weisswein im offenen Topf unter gelegentlichem Umrühren weich kochen.
- Inzwischen die Himbeeren verlesen.
- Die Himbeeren mit dem Zitronensaft und dem Gelierzucker zu den gekochten Nektarinen geben. Alles unter Rühren aufkochen, dann sprudelnd 4 Minuten kochen lassen. Die Konfitüre in Gläser füllen und verschliessen.

Sonnenkonfitüre

400 g Pfirsiche
400 g Nektarinen
400 g Aprikosen
Saft von 2 Zitronen
1 kg Gelierzucker

- Die Pfirsiche und Nektarinen kurz in kochendes Wasser tauchen, kalt abschrecken, schälen, halbieren, entsteinen und klein würfeln. In einen Topf geben.
- Die Aprikosen waschen, halbieren, entsteinen und mit dem Stabmixer oder mit dem Wiegemesser grob hacken. Zu den anderen Früchten geben.
- Den Zitronensaft und den Gelierzucker beifügen. Alles zugedeckt etwa 1 Stunde ziehen lassen.
- Die Konfitüre unter Rühren langsam aufkochen, dann sprudelnd 4 Minuten kochen lassen. In Gläser füllen und verschliessen.

Weitere Rezepte mit Pfirsichen und Nektarinen

- Brombeer-Pfirsich-Konfitüre, Seite 31
- Melonen-Nektarinen-Konfitüre, Seite 66

Preiselbeere

Der Zwergstrauch mit seinen roten kleinen Beeren wächst wild in Wald, Moor und Heide des nördlichen Europas, vor allem in den skandinavischen Ländern – in Schweden spricht man vom «roten Gold» –, in Finnland, Österreich, Deutschland und auf dem Balkan. Rein äusserlich gleicht der Strauch der Heidelbeerpflanze, doch während diese im Winter ihre Blätter verliert, ist der Preiselbeerstrauch wintergrün. In Skandinavien und in Deutschland laufen erfolgreiche Versuche, Preiselbeeren zu einer Kulturpflanze zu entwickeln. Die heute im Handel erhältlichen «Kulturpreiselbeeren» sind eigentlich gar keine: Die in den USA als Cranberry weit verbreitete Pflanze stammt von der nahe verwandten Moosbeere ab. Frisch wird die Preiselbeere nicht im gleichen Ausmass genossen wie die Heidelbeeren: Wegen des hohen Gerbstoffgehaltes hat man schon nach wenigen Beeren genug. Doch gekocht schmeckt sie mit ihrem säuerlich-süssen Aroma ausgezeichnet.

Saison: August bis Mitte Oktober.

Gelierfähigkeit: Gut, da hoher Pektin- und Säuregehalt.

Gut zu kombinieren mit Äpfeln, Birnen, Orangen, Quitten.

Passende Gewürze: Zimt, Orangenschale, Apfelsaft, Grand Marnier.

Besonderheiten: Beim Sammeln beachten, dass die Beeren sehr ungleich heranreifen und ihr Aroma erst voll entfalten, wenn sie rundum leuchtend rot sind. Preiselbeeren gelten übrigens seit je als natürliches Konservierungsmittel, da ihre Säure Schimmel- und Fäulnisbildung verhindert.

Preiselbeer-Birnen-Konfitüre

500 g Preiselbeeren
500 g vollreife Birnen
Saft von 2 Orangen
800 g Gelierzucker

◆ Die Preiselbeeren verlesen, kurz kalt abspülen, gut abtropfen lassen und mit einer Gabel zerdrücken. In einen Topf geben.

◆ Die Birnen schälen, vierteln, das Kerngehäuse entfernen und die Früchte an einer groben Raffel reiben oder mit dem Stabmixer grob hacken. Zu den Preiselbeeren geben.

◆ Den Orangensaft und den Gelierzucker beifügen. Alles unter Rühren langsam aufkochen, dann sprudelnd 4 Minuten kochen lassen. Die Konfitüre in Gläser füllen und verschliessen.

Quitte

Die – wie Apfel und Birne – aus der Familie der Rosengewächse stammende Quitte kommt ursprünglich aus Vorderasien, wo man sie heute noch wild wachsend findet. Die Griechen, die aus ihr schon damals «Quittenhonig» herstellten, brachten sie in den Mittelmeerraum. Auch in der Schweiz und in Deutschland gedeiht sie an sonnigen, geschützten Lagen gut. Doch der erwerbsmässige Anbau ist unbedeutend. Heute findet man den Quittenbaum vor allem in Bauern- und Privatgärten. Kultiviert werden zwei Arten der leuchtend zitronengelben Früchte, Apfel- und Birnenquitten, die sich allerdings nur in der Form, nicht aber im Aroma und in den Verwendungsmöglichkeiten unterscheiden. Roh sind die stark duftenden Früchte ungeniessbar, da ihr Fruchtfleisch hart und manchmal auch holzig ist. Sie müssen zuerst gekocht werden, bevor man sie weiter verarbeiten kann.

Saison: Oktober bis Mitte November.

Gelierfähigkeit: Hervorragend; sehr hoher Pektin- und mittlerer Säuregehalt.

Gut zu kombinieren mit Ananas, Äpfeln, Birnen, Preiselbeeren, Zitronen.

Passende Gewürze: Vanille, Zitronenschale.

Besonderheiten: Quitten für Konfitüre und Gelee wenn möglich ungeschält verwenden, weil das Pektin vor allem unter der Schale, im Kerngehäuse und in den Kernen steckt; oder aber man kocht Schale, Kerngehäuse und Kerne separat aus und gibt den abgesiebten Saft zu den gekochten Quitten. Wichtig zu wissen: Bei überreifen Quitten wird der Pektingehalt wieder abgebaut und die Früchte gelieren nur noch schwer.

Quittenkonfitüre

1 kg Quitten
Zucker nach Gewicht der Fruchtmasse

◆ Den weissen Flaum auf der Schale der Quitten mit einem Küchentuch abreiben. Stiel und Fliege der Früchte entfernen. Die Quitten in einen grossen Topf geben und knapp mit Wasser bedecken. Die Früchte zugedeckt sehr weich kochen; dabei springen sie meist auf. Im Kochwasser auskühlen lassen.

◆ Die Kerngehäuse von Hand aus den Quitten lösen und mit wenig Wasser bedeckt in einem kleinen Topf 10 Minuten auskochen. Absieben und die Flüssigkeit zu den Quitten giessen.

◆ Die Quitten mitsamt dem Kochwasser im Mixer oder mit dem Stabmixer pürieren. Das Mus wiegen: Auf 1 Kilo Fruchtmasse 750 g Zucker abwiegen (auf 4 Teile Früchte 3 Teile Zucker). In einen Topf geben.

◆ Alles unter Rühren langsam aufkochen, dann lebhaft kochen lassen. Nach 10 Minuten erstmals die Gelierprobe machen (siehe Seite 9). Die Konfitüre in Gläser füllen und verschliessen.

Tip: Quittenkonfitüre erhält eine rötliche Farbe, wenn man die Früchte zusammen mit den Schalen von 3–4 roten Äpfeln kocht. Wer eine leicht säuerliche Konfitüre schätzt, gibt den Saft von 1–2 Zitronen zur Fruchtmasse.

Um eine Konfitüre mit Quittenschnitzchen zu erhalten, püriert man die Früchte nicht, sondern schneidet sie in ganz dünne Scheibchen und kocht sie mit dem Sud sowie dem Zucker.

Quitten-Apfel-Konfitüre

750 g Quitten
500 g Äpfel
400 ml Weisswein
Saft von 1 Zitrone
Zucker nach Gewicht der Fruchtmasse

♦ Den weissen Flaum auf der Schale der Quitten mit einem Küchentuch gründlich abreiben. Die Quitten vierteln, das Kerngehäuse herausschneiden und beiseite legen. Die Früchte in grosse Schnitze schneiden. In einen grossen Topf geben.
♦ Die Äpfel schälen, vierteln, das Kerngehäuse herausschneiden und beiseite legen. Die Apfelschnitze zu den Quitten geben.
♦ Weisswein und Zitronensaft beifügen. Alles zugedeckt auf mittlerem Feuer so lange kochen lassen, bis die Früchte sehr weich sind. Mitsamt der Kochflüssigkeit durch ein Passiergerät (Passevite) treiben oder mit einer Gabel zerdrücken. Abkühlen lassen.
♦ Inzwischen die Kerngehäuse von den Quitten und Äpfeln in einem kleinen Topf mit wenig Wasser bedeckt 10 Minuten auskochen, auskühlen lassen. Die Flüssigkeit zu den Früchten geben und alles wiegen. Auf 1 Kilo Fruchtmasse 750 g Zucker geben (auf 4 Teile Früchte 3 Teile Zucker).
♦ Alles langsam unter Rühren aufkochen, dann lebhaft kochen lassen. Nach 10 Minuten erstmals die Gelierprobe machen (siehe Seite 9). Die Konfitüre in Gläser füllen und verschliessen.

Quittengelee

2 kg Quitten
nach Belieben für eine rötliche Geleefarbe die Schalen von 4 roten Äpfeln oder eine Hand voll Brombeeren
Gelierzucker nach Saftmenge
Saft von 2 Zitronen

♦ Den weissen Flaum auf der Schale der Quitten mit einem Küchentuch abreiben, Stiel und Fliege der Früchte entfernen. Dann die Früchte ungeschält mitsamt dem Kerngehäuse in Achtel schneiden. Die Quitten – nach Belieben mit den Apfelschalen oder Brombeeren – in einen Topf geben und gut mit Wasser bedecken. Zugedeckt so lange kochen lassen, bis sie sehr weich sind. In ein Geleetuch geben und den Saft ablaufen lassen. Abkühlen lassen.
♦ Den Saft abmessen und in einen Topf geben. Gelierzucker im Verhältnis 1:1 beifügen (auf 1 Liter Flüssigkeit 1 Kilo Zucker). Den Zitronensaft dazugeben.
♦ Alles unter Rühren langsam aufkochen, dann sprudelnd 4 Minuten kochen lassen. Den Gelee in Gläser füllen und verschliessen.

Quittengelee mit Ananaswürfelchen

1 kg Quitten
1 Baby-Ananas
Gelierzucker nach Saftmenge
abgeriebene Schale und Saft von 1 Zitrone

◆ Den weissen Flaum auf der Schale der Quitten mit einem Küchentuch abreiben. Die Früchte mitsamt dem Kerngehäuse in Stücke schneiden und in einen Topf geben. Die Quitten gut mit Wasser bedeckt zugedeckt so lange kochen lassen, bis sie sehr weich sind. In ein Geleetuch geben und den Saft ablaufen lassen. Abkühlen lassen.
◆ Die Enden der Ananas wegschneiden. Die Frucht in Scheiben schneiden und die Schale entfernen. Wenn der Strunkteil in der Mitte verholzt ist, diesen herausschneiden. Die Ananas in kleinste Würfelchen schneiden.
◆ Den Quittensaft abmessen. Auf ¾ Liter Flüssigkeit 1 Kilo Gelierzucker abwiegen (auf 3 Teile Saft 4 Teile Zucker). Saft und Zucker in einen Topf geben, die Ananaswürfelchen und den Zitronensaft beifügen.
◆ Alles unter Rühren langsam aufkochen, dann sprudelnd 4 Minuten kochen lassen. Den Gelee in Gläser füllen und verschliessen.

Rhabarber

Der eher exotisch anmutende Name der Rhabarberstaude lässt auf eine fremdländische Herkunft schliessen. Tatsächlich kannte man in China diese Gemüsepflanze bereits vor über 4000 Jahren. Von dort gelangte sie nach Russland, dann nach Rom und schliesslich auch zu uns. Bis in die Mitte des 19. Jahrhunderts wurde der Rhabarber vor allem als Arzneipflanze verwendet; erst spät wurden seine Qualitäten auch für die Küche entdeckt. Da er ein Knöterichgewächs ist und wahrscheinlich auch wegen seiner Staudenform wird der Rhabarber zum Gemüse und nicht etwa zum Obst gezählt, auch wenn er vorwiegend für süsse Zubereitungen verwendet wird. Man unterscheidet zwischen rot- und grünstieligen Sorten. Besonders kräftig im Geschmack ist der sogenannte Blutrhabarber, der seinen Namen den roten Stielen und dem roten Fruchtfleisch verdankt. Das feinste Aroma, nur wenig Säure und die zartesten Stängel hat der Himbeerrhabarber, der eine rote Schale und grünes Fruchtfleisch besitzt; er muss nicht geschält werden.

Saison: Importe ab Februar, einheimische Ernte von Ende März bis Juli.

Gelierfähigkeit: Schlecht, da er zwar viel Säure, aber nur wenig Pektin besitzt.

Gut zu kombinieren mit Aprikosen, Bananen, Erdbeeren, Feigen, Himbeeren, Johannisbeeren, Orangen.

Passende Gewürze: Vanille, Zimt, Ingwer, Zitronenschale, Sherry, Portwein.

Besonderheiten: Die heutigen Rhabarbersorten müssen kaum noch geschält werden. Man zieht lediglich die gröbsten Fasern vom Stielende her ab. Die Säure des Rhabarbers lässt sich – so paradox es tönt – durch die Zugabe von etwas Zitronensaft mildern. Rhabarber sollte nur in Email- oder Edelstahltöpfen gekocht werden. Aluminium verfärbt sich, und der Rhabarber bekommt dabei einen unangenehmen Beigeschmack.

Rhabarber-Aprikosen-Konfitüre

125 g Dörraprikosen
200 ml Wasser
750 g Rhabarber
1 kg Gelierzucker

♦ Die Aprikosen im Wasser mindestens 6 Stunden, besser aber über Nacht einweichen.

♦ Die Aprikosen gut abtropfen lassen; die Einweichflüssigkeit beiseite stellen. Die Früchte klein würfeln.

♦ Den Rhabarber waschen, rüsten und in kleine Stückchen schneiden. In einen Topf geben.

♦ Die Aprikosen, die Einweichflüssigkeit und den Gelierzucker beifügen. Alles unter Rühren langsam aufkochen, dann sprudelnd 4 Minuten kochen lassen. Die Konfitüre in Gläser füllen und verschliessen.

Rhabarberkonfitüre mit Orangen- und Zitronensaft

1 kg Rhabarber
Saft von 1 Orange
Saft von 1 Zitrone
2 EL süsser Sherry
1 kg Zucker

◆ Den Rhabarber waschen, rüsten und in kleine Stückchen schneiden. In einen Topf geben.
◆ Orangen- und Zitronensaft, Sherry sowie den Zucker beifügen. Alles unter Rühren langsam aufkochen, dann lebhaft weiterkochen lassen. Nach 20 Minuten erstmals die Gelierprobe machen (siehe Seite 9). In Gläser füllen und verschliessen.

Rhabarber-Vanille-Konfitüre mit Passionsfrüchten

750 g Rhabarber (wenn möglich rote Sorte)
6 Passionsfrüchte
1 Vanillestängel
1 kg Gelierzucker
Saft von 1 Zitrone

◆ Den Rhabarber waschen, rüsten und in kleine Stückchen schneiden. In einen Topf geben.
◆ Die Passionsfrüchte halbieren, das Fruchtfleisch mit einem Löffel herauslösen und zum Rhabarber geben.
◆ Den Vanillestängel der Länge nach halbieren und zusammen mit den herausgekratzten Samen beifügen. Den Gelierzucker und den Zitronensaft darunter mischen.
◆ Alles unter Rühren langsam aufkochen, dann sprudelnd 4 Minuten kochen lassen. Die Konfitüre in Gläser füllen und verschliessen.

Rhabarbergelee

2 kg Rhabarber
400 ml Wasser
Gelierzucker nach Saftmenge
Saft von 2 Zitronen
1 Vanillestängel

◆ Den Rhabarber waschen, rüsten und in kleine Stücke schneiden. Mit dem Wasser in einen Topf geben, aufkochen und unter gelegentlichem Rühren so lange kochen lassen, bis der Rhabarber vollständig zerfällt. In ein Geleetuch geben und den Saft ablaufen lassen. Abkühlen lassen.
◆ Den Zitronensaft beifügen. Die Flüssigkeit abmessen. Auf ¾ Liter Saft 1 Kilo Gelierzucker abmessen (auf 3 Teile Saft 4 Teile Zucker) und zusammen in einen Topf geben.
◆ Den Vanillestängel der Länge nach aufschlitzen und zusammen mit den herausgekratzten Samen beifügen. Den Saft unter Rühren langsam aufkochen, dann sprudelnd 4 Minuten kochen lassen. Den Gelee in Gläser füllen und verschliessen.

Weitere Rezepte mit Rhabarber

◆ Erdbeer-Rhabarber-Gelee, Seite 35

Stachelbeere

Die ursprüngliche Heimat der Stachelbeere ist Eurasien und Nordafrika, wo sie noch heute wild wächst. Kultiviert wird sie inzwischen in allen gemässigten Klimazonen der Welt. Die meisten der über 500 Sorten kommen aus England, dem Land, in dem die Stachelbeere seit je ganz besonders geschätzt wird. Die Stachelbeere ist die einzige einheimische Beerenart, die sogenannt grün gepflückt werden kann: Die noch unreifen Beeren eignen sich hervorragend zum Kochen und ganz besonders gut für Konfitüre. Vollreife Stachelbeeren sind je nach Sorte gelblichgrün bis fast violett-dunkelrot gefärbt und je nach Sorte mehr oder weniger behaart. Neu auf dem Markt ist eine Kreuzung zwischen Stachelbeeren und schwarzen Johannisbeeren, die sogenannte Jostabeere. Die Früchte wachsen traubenförmig wie Johannisbeeren und haben die Grösse von Stachelbeeren.

Saison: Grüne (unreife) Beeren ab Ende Mai, reife Beeren Juli bis August.

Gelierfähigkeit: Gut, da viel Pektin und Säure enthaltend.

Gut zu kombinieren mit Aprikosen, Bananen, Erdbeeren, Himbeeren, Johannisbeeren, Kirschen.

Passende Gewürze: Vanille, Orangenschale, Sherry, Whisky.

Besonderheiten: Grosse Beeren ergeben zwar mehr Saft für Gelee und Konfitüre, kleine Früchte sind jedoch meist aromatischer und von erfrischender Säure.

Konfitüre aus unreifen Stachelbeeren

1 kg grüne, unreife Stachelbeeren
750 g Zucker
1 Vanillestängel

◆ Die Stachelbeeren waschen, Blütenansatz und Stiel entfernen. Die Früchte mit dem Stabmixer zerkleinern oder durch den Fleischwolf treiben.

◆ Die Beerenmasse mit dem Zucker in einen Topf geben. Den Vanillestängel der Länge nach aufschlitzen und zusammen mit den herausgekratzten Samen beifügen. Alles unter Rühren aufkochen, dann lebhaft kochen lassen. Nach 10 Minuten erstmals die Gelierprobe machen (siehe Seite 9). Die Konfitüre in Gläser füllen und verschliessen.

Stachelbeer-Aprikosen-Konfitüre

750 g Stachelbeeren
400 g Aprikosen
1 kg Gelierzucker
Saft von 2 Zitronen

◆ Die Stachelbeeren waschen, Blütenansatz und Stiel entfernen. Die Früchte mit dem Stabmixer zerkleinern. In einen Topf geben.

◆ Die Aprikosen waschen, halbieren, entsteinen und in dünne Streifchen schneiden. Zu den Stachelbeeren geben.

◆ Gelierzucker und Zitronensaft beifügen. Alles unter Rühren langsam aufkochen, dann sprudelnd 4 Minuten kochen lassen. Die Konfitüre in Gläser füllen und verschliessen.

Stachelbeer-Bananen-Konfitüre

750 g Stachelbeeren
3 Bananen
Saft von 2 Zitronen
1 kg Gelierzucker

♦ Die Stachelbeeren waschen, Blütenansatz und Stiel entfernen. Die Früchte mit dem Stabmixer zerkleinern. In einen Topf geben.
♦ Die Bananen schälen und in Stücke schneiden. Zusammen mit dem Zitronensaft mit einer Gabel gut zerdrücken und leicht schaumig schlagen. Zu den Stachelbeeren geben.
♦ Den Gelierzucker beifügen. Alles unter Rühren langsam aufkochen, dann sprudelnd 4 Minuten kochen lassen. Die Konfitüre in Gläser füllen und verschliessen.

Stachelbeergelee

1 kg Stachelbeeren
¼ l Weisswein
1 Vanillestängel
Gelierzucker nach Saftmenge

♦ Die Stachelbeeren waschen und in einen Topf geben. Den Weisswein dazugiessen. Den Vanillestängel der Länge nach aufschlitzen und zusammen mit den herausgekratzten Samen beifügen. Noch so viel Wasser dazugiessen, dass die Beeren knapp mit Flüssigkeit bedeckt sind. Aufkochen und unter gelegentlichem Umrühren so lange kochen lassen, bis die Stachelbeeren vollständig aufgeplatzt sind. Alles in ein Geleetuch geben und den Saft ablaufen lassen. Auskühlen lassen.
♦ Den Saft abmessen und in einen Topf geben. Auf ¾ Liter Saft 1 Kilo Gelierzucker geben (auf 3 Teile Saft 4 Teile Zucker).
♦ Alles unter Rühren langsam aufkochen, dann 4 Minuten sprudelnd kochen lassen. Den Gelee in Gläser füllen und verschliessen.

Weitere Rezepte mit Stachelbeeren

♦ Kirschen-Stachelbeer-Konfitüre, Seite 56
♦ Vierfruchtkonfitüre, Seite 90

Traube

Nur gerade etwa zehn Prozent aller Trauben sind sogenannte Tafeltrauben und werden frisch und unverarbeitet gegessen. Etwa fünf Prozent werden zu Rosinen getrocknet, der Löwenanteil jedoch – nämlich über achtzig Prozent – wird zu Wein oder Spirituosen verarbeitet. Hauptproduzent ist Europa: Italien, Spanien, Frankreich, Deutschland und die Balkanstaaten produzieren zwei Drittel der gesamten Traubenernte der Welt. Unsere heimischen Reben liefern fast nur Keltertrauben, die für den Frischgenuss meist zu viel Säure enthalten. Die Produktion an Tafeltrauben – in der Schweiz im Tessin und im Chasselasgebiet, in Deutschland in der Pfalz – ist sehr gering; der Markt lebt überwiegend von Importen.

Saison: Praktisch ganzjährig. Hauptsaison: August bis Ende Oktober.

Gelierfähigkeit: Schlecht, bei mittlerem Pektin-, aber meist nur geringem Säuregehalt (sortenbedingt).

Gut zu kombinieren mit Äpfeln und Birnen.

Passende Gewürze: Vanille, Ingwer, roter Portwein.

Besonderheiten: Traubenkerne können in der Konfitüre störend sein. Deshalb die Beeren vor der Zubereitung halbieren und die Kerne mit einem spitzen Küchenmesserchen herauslösen oder die gekochten Beeren durch ein Sieb oder Passiergerät (Passevite) streichen. Besonders aromatische Konfitüren ergeben blaue Trauben mit kleinen Beeren.

Trauben-Apfel-Konfitüre

750 g Trauben
500 g säuerliche Äpfel
50 ml Wasser
Saft von 3 Zitronen
800 g Gelierzucker

♦ Die Trauben waschen und von den Stielen zupfen. Im Passiergerät (Passevite) oder im Entsafter auspressen.

♦ Die Äpfel schälen, vierteln, das Kerngehäuse entfernen und die Früchte möglichst klein würfeln. Mit dem Wasser und dem Zitronensaft in einen Topf geben und zugedeckt weich dünsten.

♦ Den Traubensaft und den Gelierzucker beifügen. Alles unter Rühren aufkochen, dann sprudelnd 4 Minuten kochen lassen. In Gläser füllen und verschliessen.

Traubengelee

1½ kg blaue oder weisse Trauben
Gelierzucker nach Saftmenge
Saft von 1 Zitrone
Saft von 1 Grapefruit

♦ Die Trauben waschen und von den Stielen zupfen. In einen Topf geben und knapp mit Wasser bedecken. Aufkochen und unter gelegentlichem Umrühren so lange kochen lassen, bis die Beeren vollständig aufgeplatzt sind. Alles in ein Geleetuch geben und den Saft ablaufen lassen. Auskühlen lassen.
♦ Den Saft abmessen und in einen Topf geben. Auf ¾ Liter Flüssigkeit 1 Kilo Gelierzucker geben (auf 3 Teile Saft 4 Teile Zucker).
♦ Den Saft unter Rühren langsam aufkochen lassen, dann sprudelnd 4 Minuten kochen lassen. Nach 3 Minuten Kochzeit den Zitronen- und den Grapefruitsaft beifügen und nur kurz mitkochen. Den Gelee in Gläser füllen und verschliessen.

Zitrone

Die Heimat der Zitrone liegt in den Ländern Westasiens, in Südchina und Vorderindien. Sie verträgt weder Kälte noch Hitze und benötigt für gutes Gedeihen ein subtropisches Klima. Im Laufe der Jahrtausende hat sie in der ganzen Welt Verbreitung gefunden. Hauptanbauländer in Europa sind Italien (Sizilien) und Spanien. Zitronenbäume können gleichzeitig Blüten, unreife und reife Früchte tragen. Aus nur zwei Blütezeiten ein und desselben Baumes können im Lauf eines Jahres drei Ernten hervorgehen. Zitronen werden im Allgemeinen vor der Vollreife geerntet, sobald sie eine bestimmte Grösse erreicht haben. Reif sind die Früchte, wenn die Schale gleichmässig glänzend ist. Die Farbe hingegen ist kein sicheres Reifemerkmal. Trotzdem ist man bestrebt, die Früchte gelb werden zu lassen. Dies erreicht man durch Lagerung in speziellen Klimaräumen. Zitronen können nicht nur einige Monate ohne Qualitätsverlust am Baum bleiben, sie haben dank ihres hohen Säuregehaltes auch nach dem Einkauf eine gute Haltbarkeit von einigen Wochen.

Saison: Ganzjährig.

Gelierfähigkeit: Gut, da hoher Pektin- und Säuregehalt. Aus diesem Grund gibt man säurearmen Früchten mit Vorteil etwas Zitronensaft bei.

Gut zu kombinieren mit Äpfeln, Aprikosen, Bananen, Grapefruits, Kakis, Orangen, Quitten.

Passende Gewürze: Orangenlikör.

Besonderheiten: Dünnschalige Zitronen, die man an der glatteren Aussenschale erkennt, geben meist mehr Saft als Früchte mit dicker Schale. Wenn die Schale für Konfitüre verwendet wird, dürfen nur ungespritzte Früchte verwendet werden (meist aus Italien oder Spanien stammend).

Zitronenmarmelade mit Dörraprikosen

250 g Dörraprikosen
1 l Wasser
250 g Zitronen
1 kg Zucker

♦ Die Aprikosen in eine Schüssel geben. Das Wasser aufkochen und heiss über die Aprikosen giessen. 24 Stunden stehen lassen.
♦ Die Zitronen waschen und ganz in einen kleinen Topf geben. Mit kaltem Wasser bedecken und zugedeckt so lange kochen, bis sie weich sind. Abschütten und abkühlen lassen. Dann die Zitronen in möglichst kleine Stückchen schneiden, dabei die Kerne entfernen.
♦ Die Aprikosen mitsamt dem Einweichwasser in einen Topf geben. Zugedeckt sehr weich kochen.
♦ Die Zitronen und den Zucker beifügen. Alles im offenen Topf unter gelegentlichem Rühren etwa 30 Minuten kochen lassen. Dann erstmals die Gelierprobe machen (siehe Seite 9). Die Konfitüre in Gläser füllen und verschliessen.

Zitronengelee mit Orangenlikör

10 Zitronen
1 kg Gelierzucker
4 Esslöffel Orangenlikör

◆ Die gelbe Schale von 5 Zitronen mit einem Sparschäler dünn ablösen und in feinste Streifchen schneiden oder die Schale mit einem Zestenmesser ablösen. In einen kleinen Topf geben, gut mit Wasser bedecken und zugedeckt weich kochen. Abschütten und kalt abschrecken.
◆ Den Saft aller Zitronen auspressen und in einen Messbecher geben. Die Schalenstreifchen beifügen und alles mit Wasser auf ¾ Liter ergänzen. In einen Topf geben.
◆ Den Gelierzucker beifügen. Alles unter Rühren langsam aufkochen, dann sprudelnd 4 Minuten kochen lassen. Am Schluss den Orangenlikör beifügen. Den Gelee in Gläser füllen, jedoch noch nicht verschliessen.
◆ Nach 10 Minuten Ruhezeit den Gelee im Glas sorgfältig umrühren, damit sich die Schalenstreifchen gleichmässig verteilen. Dann die Gläser verschliessen.

Zitronen-Grapefruit-Gelee

12 Zitronen
2 Grapefruits
1 kg Gelierzucker

◆ Die Zitronen auspressen und den Saft in einen Messbecher geben.
◆ Die Grapefruits quer halbieren, das Fruchtfleisch mit einem Grapefruitmesser aus den Trennhäuten lösen und in kleine Stückchen schneiden. Den in den Fruchthälften verbliebenen Saft auspressen und zum Zitronensaft geben. Mit Wasser auf ¾ Liter ergänzen. In einen Topf geben.
◆ Die Grapefruitstückchen und den Gelierzucker beifügen. Alles unter Rühren langsam aufkochen, dann sprudelnd 4 Minuten kochen lassen. Den Gelee in Gläser füllen und sofort verschliessen.

Weitere Rezepte mit Zitronen

◆ Erdbeerkonfitüre mit Zitronenschnitzchen, Seite 34

Zwetschge

Eigentlich ist die Zwetschge eine Pflaume und deshalb gilt alles, was unter diesem Stichwort über die grosse Familie der Pflaumen gesagt wurde, auch für sie. Dennoch hat die Unterart Zwetschge ihre Eigenheiten: Sie ist – mit Ausnahme der Bühler Frühzwetschge – die späteste Pflaumensorte. In der Regel ist sie eiförmig und nicht kugelrund wie ihre Verwandten, sie ist immer blau oder schwarzblau gefärbt, hat keine Fruchtnaht, lässt sich leicht entsteinen und besitzt ein gelbes Fruchtfleisch, das fester ist als jenes der anderen Pflaumensorten.

Saison: Anfang August bis Anfang Oktober.

Gelierfähigkeit: Gut, da viel Pektin und Säure vorhanden.

Gut zu kombinieren mit Äpfeln, Birnen, Brombeeren, Holunder, Orangen.

Passende Gewürze: Nelken, Sternanis, Vanille, Zimt, Orangensaft und -schale, Orangenlikör, Zwetschgenwasser, Rum, Armagnac, Angostura Bitter.

Besonderheiten: Für die Konfitürenzubereitung eignen sich vor allem die späten Zwetschgensorten hervorragend, da sie einen sehr hohen Fruchtzucker- und einen sehr niedrigen Wassergehalt aufweisen.

Zwetschgenkonfitüre

1 kg Zwetschgen
750 g Gelierzucker
Saft von 1 Zitrone
1 Zimtstange

◆ Die Zwetschgen waschen, halbieren, entsteinen und in feine Schnitzchen schneiden. In einen Topf geben.
◆ Den Gelierzucker, den Zitronensaft und die Zimtstange beifügen und alles zugdeckt 3–4 Stunden durchziehen lassen.
◆ Alles unter Rühren langsam aufkochen, dann sprudelnd 4 Minuten kochen lassen. Die Zimtstange entfernen. Die Konfitüre in Gläser füllen und verschliessen.

Roh gerührte Konfitüre

500 g Erdbeeren, Himbeeren oder Heidelbeeren
1 Vanillestängel
Saft von ½ Zitrone
500 g Gelierzucker

♦ Erdbeeren waschen und mit Küchenpapier sorgfältig trocken tupfen. Heidelbeeren wenn nötig kurz unter kaltem Wasser überbrausen und zwischen zwei Lagen Küchenpapier trocken tupfen. Himbeeren nicht waschen, sondern nur verlesen.
♦ Den Vanillestängel der Länge nach halbieren, die Samen herauskratzen und zu den Beeren geben (der Vanillestängel selber wird nicht verwendet; er kann später für Cremen usw. gebraucht werden). Zitronensaft und Gelierzucker beifügen. Alles mit dem Stabmixer oder im Mixer auf höchster Stufe 15–20 Minuten rühren, bis sich der Zucker vollständig aufgelöst hat und die Masse zu glänzen beginnt.
♦ Die Konfitüre etwa 15 Minuten ruhen lassen, damit Luftblasen entweichen können. Dann in saubere Gläser füllen und unbedingt im Kühlschrank aufbewahren. Haltbarkeit: etwa 2 Monate.

Tip: Die Konfitüre wird nach einigen Tagen noch etwas dicker, da sich in dieser Zeit das Pektin der Früchte mit dem Gelierzucker optimal verbindet.

Vierfruchtkonfitüre

500 g Kirschen, nach Belieben Sauerkirschen und schwarze Kirschen gemischt
250 g rote Johannisbeeren
250 g Stachelbeeren
250 g Himbeeren
1 kg Gelierzucker
Saft von 3 Zitronen

♦ Die Kirschen waschen, dann entsteinen. Mit dem Stabmixer sehr grob hacken. In einen Topf geben.
♦ Die Johannisbeeren waschen und von den Zweigen zupfen. Zu den Kirschen geben.
♦ Die Stachelbeeren waschen, Stiel und Blütenansatz entfernen. Ebenfalls mit dem Stabmixer grob hacken und in den Topf geben.
♦ Die Himbeeren nur verlesen. Mit dem Gelierzucker und dem Zitronensaft zu den übrigen Früchten geben. Alles unter Rühren langsam aufkochen, dann sprudelnd 4 Minuten kochen lassen. Die Konfitüre in Gläser füllen und verschliessen.

Exotenkonfitüre

1 mittelgrosse Ananas
2 Mangos
10 Passionsfrüchte
2 Limonen
1 Vanillestängel
Gelierzucker nach Gewicht der Fruchtmasse

♦ Die beiden Enden der Ananas waagrecht abschneiden und die Frucht der Länge nach vierteln. Den harten Strunk in der Mitte entfernen, dann das Fruchtfleisch aus der Schale schneiden und klein würfeln. Die Hälfte davon mit dem Stabmixer oder im Mixer pürieren. Mit den restlichen Ananaswürfelchen mischen.
♦ Die Mangos schälen und das Fruchtfleisch vom Stein schneiden. Klein würfeln und zu den Ananas geben.
♦ Die Passionsfrüchte halbieren und das Fruchtfleisch mit einem Löffel herauslösen. Ebenfalls beifügen.
♦ Die Schale von 1 Limone (nur das Grüne) dünn abreiben. Den Saft beider Limonen auspressen. Schale und Saft zu den restlichen Früchten geben. Die Fruchtmasse wiegen. In einen Topf geben.
♦ Gelierzucker im Verhältnis 2:3 abwiegen (2 Teile Zucker auf 3 Teile Früchte) und untermischen. Alles unter Rühren langsam aufkochen, dann sprudelnd 4 Minuten kochen lassen. Die Konfitüre in Gläser füllen und verschliessen.

Tip: Am einfachsten geht das Abwiegen der Fruchtmasse, wenn man zuerst die Schüssel oder den Topf wiegt, bevor man die Früchte hineingibt. Anschliessend zieht man einfach das zu Anfang ermittelte Gewicht der Schüssel oder des Topfes vom Totalgewicht ab.

Konfitüre aus grünen Tomaten

1 kg unreife Tomaten
1 Vanillestängel
1 kg Gelierzucker

♦ Die Tomaten waschen und den Stielansatz sehr grosszügig herausschneiden. Die Früchte in Würfel schneiden, dann mit dem Stabmixer grob hacken. In einen Topf geben.
♦ Den Vanillestängel der Länge nach halbieren und zusammen mit den herausgekratzten Samen zu den Tomaten geben. Den Gelierzucker beifügen. Zugedeckt 1 Stunde Saft ziehen lassen.
♦ Alles unter Rühren langsam aufkochen, dann sprudelnd 4 Minuten kochen lassen. Die Konfitüre in Gläser füllen und verschliessen.

Tip: Diese Konfitüre kann auch aus reifen Tomaten zubereitet werden. In diesem Fall die Früchte unbedingt schälen: Dazu die Tomaten kurz in kochendes Wasser tauchen, die Haut abziehen und die Früchte in kleine Stücke schneiden. Abgeriebene Schale und Saft von 1–2 Zitronen beifügen und nach Rezept weiterfahren.

Karotten-Zitrus-Konfitüre

500 g Karotten
4 Orangen
2 Zitronen
500 g Gelierzucker

♦ Die Karotten schälen und fein reiben. In einen Topf geben.
♦ Die Schale von je einer Orange und einer Zitrone sehr dünn abreiben (nur das Gelbe!) und beifügen. Alle Zitrusfrüchte auspressen und den Saft ebenfalls zu den Karotten geben.
♦ Den Gelierzucker untermischen. Alles unter Rühren langsam aufkochen, dann sprudelnd 4 Minuten kochen lassen. Die Konfitüre in Gläser füllen und verschliessen.

Zitrusfrüchtegelee

6 Orangen
3 Grapefruits
2 Limonen oder Zitronen
Gelierzucker nach Saftmenge

♦ Den Saft aller Früchte auspressen. In einen Messbecher geben und abmessen. In einen Topf geben.
♦ Gelierzucker im Verhältnis 1:1 beifügen (auf 1 Liter Saft 1 Kilo Zucker oder entsprechend mehr oder weniger). Zum Saft geben.
♦ Alles unter Rühren aufkochen, dann sprudelnd 4 Minuten kochen lassen. Vom Herd nehmen und noch 1 Minute rühren, bis der Schaum zusammengefallen ist. Dann den Gelee in Gläser füllen und verschliessen.

Tip: Dem Gelee vor dem Einfüllen 50 ml weissen Rum beifügen.

Dreifruchtgelee

250 g säuerliche Äpfel
500 g Erdbeeren
500 g Himbeeren
Gelierzucker nach Saftmenge

♦ Die Äpfel mitsamt Schale und Kerngehäuse in dünne Schnitzchen schneiden. In einen Topf geben.
♦ Die Erdbeeren waschen und in Scheiben schneiden. Die Himbeeren verlesen. Die Früchte mit einer Gabel zerdrücken. Zu den Äpfeln geben. So viel Wasser beifügen, dass die Früchte knapp bedeckt sind.
♦ Die Früchte zugedeckt auf mittlerem Feuer 15 Minuten kochen lassen. Alles in ein Geleetuch geben und den Saft ablaufen lassen. Auskühlen lassen.
♦ Den Saft abmessen und in einen Topf geben. Gelierzucker im Verhältnis 1:1 beifügen (auf 1 Liter Flüssigkeit 1 Kilo Zucker).
♦ Alles unter Rühren langsam aufkochen, dann sprudelnd 4 Minuten kochen lassen. Den Gelee in Gläser füllen und verschliessen.

Löwenzahnhonig

Ca. 300 g Löwenzahnblüten
Saft von 3 Zitronen
1½ kg Zucker

♦ Die grünen Hüllblättchen der Blüten entfernen. Dann die Löwenzahnblüten mit 1½ Liter Wasser aufkochen und 5 Minuten sprudelnd kochen lassen. Vom Feuer ziehen und zugedeckt 24 Stunden stehen lassen. Anschliessend absieben.
♦ Den Saft in einen Topf geben. Zitronensaft und Zucker beifügen. Alles aufkochen und dann so lange auf kleinem bis mittlerem Feuer kochen lassen, bis der Sud sirupartig eingedickt ist. Nicht ungeduldig werden: Dies dauert seine Zeit (siehe auch den Tip). In Gläser füllen und verschliessen.

Tip: Lässt man den Löwenzahnhonig zu stark kochen, verändert sich der Zucker und kann später bei der Lagerung auskristallisieren. Der Sud soll immer nur so stark kochen, dass er ganz leicht Blasen wirft.

Lindenblüten- oder Holunderblütengelee

200 g frische Lindenblüten oder
20 Holunderdolden
700 ml Apfelsaft
Saft von 1 Zitrone
1 kg Gelierzucker

♦ Die Lindenblüten oder Holunderdolden in eine Schüssel geben und mit dem Apfelsaft übergiessen. Beim Einlegen der Holunderdolden darauf achten, dass die Stielenden nicht von Saft bedeckt sind! Alles zugedeckt 24 Stunden stehen lassen. Dann absieben.
♦ Den Saft in einen Topf geben. Den Zitronensaft und den Gelierzucker beifügen. Alles unter Rühren langsam aufkochen, dann sprudelnd 4 Minuten kochen lassen. Den Gelee in Gläser füllen und verschliessen.

Rezeptverzeichnis

In der Reihe «Die besten Rezepte» sind erschienen:

Annemarie Wildeisen
Eiscreme Glace Sorbet

Annemarie Wildeisen
Mozzarella

Annemarie Wildeisen
Garen über Dampf

Karin Messerli
Brot und Brötchen

Karin Messerli
Rucola, Bärlauch, Löwenzahn

Karin Messerli
Antipasti, Tapas, Mezze

Karin Messerli
Rucola

Karin Messerli
Kürbis

Karin Messerli
Yvette le Brasse
Curry

Julie Landis-Sager
Zucchini Zucchetti

Erica Bänziger
Ziegen- und Schafskäse

Verena Krieger
Tofu

Verena Krieger
Hülsenfrüchte

Lotti Bebie
Hack – Fleisch, Fisch, Geflügel

Marianne J. Voelk
Säfte – Gesundheit und Genuss

AT Verlag
Stadtturmstrasse 19
CH-5401 Baden
Telefon +41 (0)58 200 44 00
Fax +41 (0)58 200 44 01
E-Mail: at-verlag@azag.ch
Internet: www.at-verlag.ch